Streben nach Gerechtigkeit

Hieronymus Jero Kuhn

Streben nach Gerechtigkeit

Meine Weltsicht
Teil 1 und Teil 2

löwen-
stern
verlag

Bibliografische Information der Deutschen Nationalbibliothek
Die Deutsche Nationalbibliothek verzeichnet diese Publikation in der Deutschen Nationalbibliografie; detaillierte bibliografische Daten sind im Internet über http://dnb.d-nb.de abrufbar.

Umschlaggestaltung: Renate Wettach unter Verwendung eines Bildes von Marie Kuhn
Fotos: Sofern nicht anders vermerkt, stammen alle Bilder von Marie Kuhn

ISBN 978-3-945542-41-5 (Print)
E-ISBN 978-3-945542-42-2 (ePUB)

Druck und Bindung: BoD – Books on Demand, Norderstedt

Verlag, Redaktion, Herstellung, Design & Layout:
Renate Wettach, LöwenStern Verlag,
Weckerlinstr. 4, 65929 Frankfurt am Main
Telefon: +49 152 34332590
E-Mail: geschaeftsfuehrung@loewenstern-verlag.de
Umsatzsteuer-Identifikationsnummer gemäß
§27a Umsatzsteuergesetz: DE291558368

www.loewenstern-verlag.de

Inhaltsverzeichnis

Vorwort

Warum habe ich das Buch „Streben nach Gerechtigkeit“ mit dem Untertitel „Meine Weltsicht“ geschrieben?

Als jugendlicher Sudetendeutscher wurde ich in Prag am Kriegsende 1945 mit dem Hass gegen die Deutschen konfrontiert. Die Ereignisse waren für mich als zehnjähriges Kind unbegreiflich und so grausam, dass mein Verstand sie für lange Jahre im Unterbewusstsein unterdrückt gehalten hat. Schon lange denke ich darüber nach, was eigentlich getan werden müsste, damit sich Menschen tolerant und respektvoll begegnen können.

Die im folgenden Text geschilderten Situationen, Ansichten und Meinungen basieren auf meinen persönlichen Lebenserfahrungen und Erkenntnissen, die ich in meinem Leben gemacht habe. Ich kann nicht die gesamten Werke der Philosophie und der Wissenschaften geistig verarbeiten. Das, was mir zugänglich war und was ich im Gedächtnis behalten habe, das hat mein persönliches Weltbild geprägt.

Mein Vorhaben in diesem Buch bzw. mein philosophisches Projekt, an dem ich hier arbeite, soll den Fragen nachgehen: Wie soll in unserer globalen Welt eine gerechte und humane Gesellschaft organisiert werden? Wie sollen die materiellen Grundbedürfnisse der Menschen gedeckt werden?

Es liegt mir fern, eine konkrete politische Ideologie zu befürworten, zumal keine der etablierten Ideologien meinen Vorstellungen über Gerechtigkeit entsprechen. Ich suche nach neuen Ideen für eine Gerechtigkeit, die mit dem menschlichen Naturell harmonieren kann. Ich will unter Berücksichtigung der historischen und kulturellen Erfahrungen der Menschheit den aktuellen Fragen unserer Zeit nachgehen.

Die Philosophie ist in unserer durch Krisen erschütterten Zeit herausgefordert. Sie soll neue Lösungen anbieten und zum Nachdenken anregen über neue Formen des Zusammenlebens in unserer Gesellschaft. Die Wahrheit, was gerecht und was ungerecht ist, muss auf den Prüfstand. Ungerechte Regulierungen und Ansichten aus der Vergangenheit beherrschen immer noch unser Leben. Die Jahrhundertelange Unterwerfung unter Herrschaftssysteme ist in unseren Gehirnen immer noch vorhanden.

Oft frage ich mich, welcher Zukunft auf Erden soll ich helfen, sich zu verwirklichen?

Neue Richtungen frei zu diskutieren und Meinungen auszutauschen, sind hierzu unumgänglich.

Jede Meinung oder Weltanschauung, auch wenn sie anderen als nicht korrekt oder falsch erscheint, muss in einer demokratischen Ordnung möglich sein, ohne sofort ein Strafgericht auszulösen.

Ich muss damit rechnen, dass mich nicht alle Menschen mögen werden. Einige werden mich fragen, woher stammen deine Einsichten und Schlussfolgerungen? Ganz einfach aus den gleichen Quellen wie das Wissen meiner Widersacher. Ich muss mich nicht mit anderen vergleichen. Wenn der Meinungsaustausch bei Diskussionen vehement einseitig ausgeprägt ist, kommt es zwangsläufig zu Missverständnissen und aggressiven Gefühlen. In meinem Buch kann ich meine Gedanken mit meinen Worten, ohne sofortigen Widerstand, frei entfalten.

Die Vergangenheit prägt den Menschen

Gleich am Anfang kurz über meine Familie und meine Erlebnisse, die auf mich gewirkt haben.

Meine Vorfahren haben Ihren Ursprung im Sudetenland. „Sudetenland“ war bis 1945 eine gebrauchte Hilfsbezeichnung im tschechischen Gebiet mit vorwiegend deutscher Bevölkerung.

Die Deutschen haben dieses östliche Gebiet auf Initiative des tschechischen Adels im 13. und 14. Jahrhundert besiedelt.

Deutsche Siedler mussten Neuland erschließen. Noch heute ist auf dem Friedhof in Oberpraußnitz bei Reichenberg unser Familiengrab vorhanden.

Abb. 1: Fam. Kuhn ca. 1916 – rechts mein Vater (Foto: Hieronymus Jero Kuhn)

Konfrontation mit Brutalität

Am Kriegsende 1945 habe ich den Prager Aufstand im Alter von 10 Jahren erlebt. Aus meiner Sicht bot sich mir ein grausames Szenario, was ich damals als Kind nicht einordnen konnte.

Aufgrund der in London vorbereiteten Beneš-Dekrete hat der „Exodus" der 3,5 Millionen Sudetendeutschen aus Ihrer Heimat begonnen.

Die Dekrete ermöglichten dem entfesselten Mob, mit äußerster Brutalität und unter Straffreiheit an die Vertreibung der Deutschen heranzugehen. Unsere Familie wurde von der ganzen Wucht des Hasses gegen die Deutschen voll getroffen. Dieser Lebensabschnitt hat meine Weltsicht stark beeinflusst.

Meine Mutter wurde ohne jeglichen Grund eingesperrt und musste als Deutsche an verschiedenen Baustellen in Prag Kriegsschäden beseitigen. Ich und meine zwei Schwestern kamen während dieser Zeit in die Obhut unserer Großmutter.

Nach der Entlassung meiner Mutter aus der Gefangenschaft (nach 9 Monaten) war es uns (Mutter mit 3 Kindern) aufgrund der politischen Ereignisse nicht mehr möglich, nach Deutschland zu unserem Vater auszusiedeln. Unsere Familie blieb für immer getrennt.

Die innere Befreiung

Diese Vergangenheit, diese Last, die man mit sich schleppt, die negativen Situationen können einen Menschen erdrücken. Die Lösung heißt, Aussöhnung mit sich selbst, Aussöhnung mit den Menschen, denen man im Leben begegnet ist. Aussöhnung mit den Geschehnissen, die man erlebt hat.

Unabänderliche Wirklichkeiten mit Vernunft begegnen heißt, sich aus der Last der Vergangenheit durch Verzeihen zu befreien.

In diesem Lebensabschnitt hat mich die Religion stark beeinflusst. Erst später hatte ich eine kritischere Meinung angenommen. Seit dieser Zeit ist mein Interesse an allen großen Religionen der Welt geweckt worden.

In Deutschland konnte ich mir entsprechende Literatur besorgen und dieses Thema auch aus meiner Philosophiesicht mit Freunden diskutieren.

Schon als Schüler habe ich viel gelesen, oft unter der Bettdecke mit der Taschenlampe. In der Stadtbibliothek Karlin konnte ich mir kostenfreie Bücher aussuchen. Zukunftsromane und Science Fiction Bücher waren für mich interessant und sehr beliebt. Besonders der polnische Schriftsteller **Stanislaw Lem**, der eine gesellschaftliche und technologische Zukunftsvision glaubhaft, spannend und fantasievoll darstellen konnte, hat mich beeindruckt. Später habe ich viele Samstage und Sonntage allein oder mit meinem Sohn im Prager Planetarium verbracht und mir Vorträge von Astronomen angehört. Hier habe ich die ersten Kenntnisse über das Universum und unser Sonnensystem vermittelt bekommen. Das Interesse hält bis heute an. Auch die Besuche im Prager technischen Museum, wo ich viel Zeit mit dem Studium diverser Mechanismen verbracht habe, waren für mich später im Beruf sehr wichtig. Nach meinem Studium habe ich mich erstmals in meinem Leben als **freier, selbstbewusster Mensch gefühlt**.

Eine Woche nach dem Einmarsch der Warschauer Truppen in Prag bin ich am 21.10.1968 gemeinsam mit meiner Frau aus Tschechien Richtung Westen, zu den „Kapitalisten“, ausgewandert. Für uns war das ein gewagter und mutiger Schritt, der unseren Eltern viel Kummer bereitete.

Nachdem mein Vater nach unserer Ankunft in Bayreuth nicht von uns begeistert war, sind wir ohne Mittel weiter Richtung Frankfurt gefahren.

In den ersten 3 Wochen hatten uns meine Verwandten herzlich angenommen. Besonders meine Cousine Annemarie hat uns sehr geholfen und unterstützt.

Drei Wochen, nachdem wir in Hanau angekommen waren, haben wir schon Arbeit bei einer Möbelfirma in Kelkheim gefunden, und die erste Nacht bei dem Betriebsrat und seiner Frau verbracht. An diese Zeit haben wir sehr angenehme Erinnerungen. Unser Dank gilt all den liebevollen Menschen, denen wir damals begegnet sind.

Die Integration in Deutschland ist trotz anfänglicher Sprachprobleme, besonders bei meiner Frau, unglaublich schnell gelungen.

Bis heute leben wir seit 1964 über 50 Jahre zusammen in einer Ehe, einer **„Partnerschaft“**, die auf Liebe, Vertrauen und gegenseitigem Respekt aufgebaut ist. Bei einigen hier beschriebenen Situationen habe ich alles auf meine Person in „ich“-Form bezogen. Gedacht ist es jedoch für jedermann, weil man allen Menschen nach der Geburt die gleichen Fragen stellen kann. Die Chancen für das zukünftige Leben eines Menschen sind dagegen different.

Aufgezwungene Freiheiten

In dem Zeitabschnitt von meiner Geburt bis 1968 haben sich in der damaligen Tschechoslowakischen Republik mehrere politische Systeme abgewechselt. Jeder Machtwechsel brachte den Menschen eine andere Ideologie und eine andere Gesellschaftsordnung. Rebellion oder Widerstand bestraften die neuen Machthaber immer mit Repressalien oder mit Gefängnis.

In der Vergangenheit haben Menschen immer wieder um verschiedene Freiheiten gekämpft, oft haben sie dabei ihr Leben verloren. Jede gewonnene Freiheit endet aber immer da, wo die Freiheit des Anderen beginnt. Bei diesen „Freiheiten“ handelt es sich um angeordnete Freiheiten. Diese bedürfen immer einer ideologischen Begründung.

Von 1939 bis 1968 habe ich fünf markante historische **Befreiungsaktionen** in Prag erlebt. Das Ziel dieser Ideologien war immer imperialer und politischer Machthunger. Insbesondere das kommunistische System hat gezeigt, dass Macht über den Menschen verlockender ist als Kapital. Dieses System hat mit dem menschlichen Naturell auf sträfliche Weise experimentiert.

- **1934** – In Prag geboren, einer seit 1918 demokratisch verwalteten CSSR Republik.
- **1939 – 1. Befreiung** durch Hitlers Wehrmacht. Aus einer demokratischen CSSR wurde über Nacht ein „Protektorat“. d.h. durch Macht geschützter Raum. Es herrschte der Nationalsozialismus (Hitler) – NSDAP.
- **1945 – 2. Befreiung** durch die Rote Armee. Die Alliierten und die USA (Roosevelt und Churchill) haben die Tschechoslowakei an die Bolschewiken (Stalin) ausgeliefert. Vergeblich baten Tschechen die USA um Hilfe. Die Demarkationslinie war schon vorher mit Stalin ausgehandelt und festgelegt. Damit hatte die Vertreibung der 3,5 Millionen Sudetendeutschen aus ihrer Heimat begonnen.
- **1948 – 3. Befreiung** nach dem Sieg der Kommunisten bei den Volkswahlen in Februar 1948 haben Kommunisten die anderen demokratischen Parteien in sogenannter nationaler „Volksfront“ aufgelöst und die alleinige Regierungsmacht übernommen. Diese ideologische Richtung will einen neuen sozialistischen Menschen erziehen. Zu diesem Zweck hat die „Arbeiterpartei“ die „Diktatur des Proletariats“ eingeführt. Eine arrogante Handlungsweise der damaligen „Weltverbesserer“. Sie haben Andersdenkende denunziert und in Schauprozessen sogar zum Tode verurteilt.

- **1966 – 4. Befreiung** durch Dubceks „Prager Frühling". Er propagiert einen Sozialismus mit einem „menschlichen Gesicht". Dabei bleibt er in erster Linie ein überzeugter Kommunist, obwohl ihm das vergangene Unrecht bekannt war. Auch ihm ging es als 1. Sekretär der Kommunistischen Partei um Macht. Seine Genossen stellten ihn später unter Hausarrest. Gestorben ist er angeblich bei einem Autounfall.
- **1968 – 5. Befreiung** – Durch den Einmarsch der Warschauer Truppen in die CSSR scheitert Dubcek mit seiner Politik. Meine Frau und ich wollten die Folgen dieser „Befreiung" nicht mehr abwarten und nutzten diese Gelegenheit zum Verlassen der CSSR.

Die neue in der CSSR etablierte „Postkommunistische Bourgeoisie" hat die Exekutive unter dem Schutz der Sowjetunion (Brežnev) übernommen. Das Protektorat von 1939 wiederholt sich, diesmal unter dem Motto:

„Auf ewige Zeiten mit der Sowjetunion".

Diese Beispiele sind eindeutig. Einige Staatengemeinschaften werden von Individuen beherrscht, die über eine Ideologie ihren Machtanspruch begründen. Jede Ideologierichtung, die nicht in ein demokratisches System eingebunden ist, will über den Menschen herrschen und Macht ausüben.

Der Nationalsozialismus, der Kommunismus, der Sozialismus und auch der Kapitalismus sind für Kriege und Intoleranz auf der ganzen Welt verantwortlich. Sie haben die Menschen einem entsetzlichem Leid ausgeliefert. Für mich sind das geschichtlich unbrauchbare Systeme, wie für Aristoteles die Demokratie, es besteht die Gefahr, dass der Pöbel regiert.

Deutsche Identität nicht leugnen

Die Turbulenzen zu Kriegsende in meinen Leben waren gewaltig und grausam. Über die Kriegsopfer der deutschen Frauen und Kinder am Ende des Krieges will man wegen der ungeheuren Verbrechen der Nationalsozialisten nicht sprechen.

Wir dürfen aber auch diese Verbrechen nicht verschweigen oder ignorieren. Die Leiden sind auf der ganzen Welt für einen Menschen immer die gleichen.

Vor dem Zweiten Weltkrieg war die damalige Weltanschauung anders und mit dem selbstbewussten Menschen des 21. Jahrhunderts nicht vergleichbar. Die damalige lakaienhafte untertänige Denkart war noch als Folge des feudalen Machtsystems, sehr stark ausgeprägt.

Für die gegenwärtige Generation sind die Kriegsereignisse bereits Geschichte. Unbequeme Wahrheiten dürfen aber nicht einseitig in der historischen Bewertung ausgelassen werden. Meine Erlebnisse am Kriegsende als zehnjähriges Kind sind mir bis heute noch lebendig in Erinnerung geblieben. Diese Erlebnisse waren menschenunwürdig, grausam und von Hass geprägt.

Auch heute noch müssen viele Kinder ähnliche Kriegsverbrechen erleben.

Wann werden die Menschen endlich erwachsen? Ich vermute, es wird noch lange dauern, wie das die zahlreichen Konflikte auf der ganzen Welt beweisen. Ich frage mich: Kann das „Gute“ das „Böse“ besiegen? Oder bleibt das „Böse“ als Gegenpol zum „Guten“ für immer als Naturgesetz existent?

Hieronymus Jero Kuhn
Oktober 2019

Kapitel 1

Die gegenwärtige Gesellschaft

Abb. 2: Zeichnung Marie Kuhn – Skyline Frankfurt

Wir werden immer besser

Die Welt wird aufgeklärter. Das Bewusstsein der Menschen hat sich erweitert. Die gegenwärtigen politischen Befreiungskriege beweisen, dass der Drang nach Freiheit, nach Individualität und einer gerechteren Gesellschaft bereits die ganze Welt erfasst hat.

Ich befürchte aber, dass es noch einige Jahre dauern wird, bis sich die Menschheit zivilisierter benehmen wird. Nach meiner Einschätzung leben noch viel zu viele nicht aufgeklärte Menschen, die den uralten Traditionen nachgehen und somit jegliche Aufklärung in den Gesellschaften verhindern.

Auch in unserer offenen, demokratisch verwalteten Gesellschaft sind immer noch veraltete, feudale, unterwürfige Denkmuster vorhanden.

Die ungerechte Verteilung der Güter zur Deckung der menschlichen Bedürfnisse und der ungeheure Reichtum einer Minderheit sind für viele Konfrontationen in etlichen Staatengemeinschaften verantwortlich.

Die Zerwürfnisse und die Unzufriedenheit in den demokratischen Gesellschaften versucht man vorwiegend mit organisierten Streiks zu lösen. In vielen Fällen handelt es sich jedoch um erpresserisch orientierten Kampf irgendeiner politischen Lobby oder Interessengruppe. Sie wollen meistens höhere Gehälter und diverse Vorteile mit Gewalt durchsetzen. Das Resultat ist dann ein fauler erpresserischer Kompromiss, aber keine gerechte Lösung in einer gerecht organisierten Gemeinschaft.

Ich denke jede Arbeit hat einen Wert, der entsprechendes Wissen und einen engagierten Einsatz erfordert. Ungerecht erpresste Honorare sind für eine Gesellschaft keine gute Lösung.

Auch politisch orientierte Straßendemos repräsentieren meistens nur politische Minderheiten, die an die Macht wollen und den Wählern unrealistische Versprechungen offerieren, wie z. B.:

„eigene Inhalte verwirklichen zu wollen“.

Hier bin ich kritisch und skeptisch. Ich will mir keine **„eigenen Inhalte“** aufschwatzen lassen.

Ich stelle mir eine Gemeinschaft vor, in der Regeln für ein gerechtes und glückliches Zusammenleben beachtet werden. Eine Gemeinschaft, in der das Finanzwesen, die Wirtschaft und die Technik dem Menschen und seinen Bedürfnissen untergeordnet sind.

Die gegenwärtigen gigantischen Einnahmen der Eliten werden mit außergewöhnlichen Fähigkeiten, mit Klugheit und kolossalem Leistungseinsatz begründet. Die Arroganz paart sich hier mit Überheblichkeit. Von Natur aus sind wir Menschen von den Begabungen her unterschiedlich, aber es leben unter uns auch keine göttlichen Wesen, die ein Anrecht auf unverhältnismäßige Vorteile hätten.

In der Vergangenheit hat uns die Geschichte genügend Übermenschen geliefert. Ich beobachte, wie sich eine internationale Lobby die Posten im Bankwesen und in den Konzernen wie „Bälle“ vertrauensvoll zuspielen. In diesen Kreisen lebt es sich in allen Lebensabschnitten von Kindheit an sehr komfortabel.

Eine gut funktionierende Gesellschaft muss Leistungsmerkmale bewerten und sachlich bestimmen.

Die modernen Einnahmequellen

Im Kommunismus herrschte Vollbeschäftigung.

Im Kommunismus hat **Einer** gearbeitet, **Zwei** haben aufgepasst.

Nach dem Lenin-Spruch „Vertrauen ist gut, Kontrolle ist besser" In dieser Zeitepoche waren noch andere kuriose Sprüche im Umlauf.

- Wer nicht klaut, bestiehlt seine Familie.
- Weil alles allen gehört, kann nichts gestohlen werden. Bei Bedarf wechseln die Sachen nur ihren Platz.
- Ein gekauftes Auto wurde dem Käufer von der Arbeiterklasse nur in Obhut als Utensil verliehen.
- Kleine Diebstähle wurden großzügig übersehen, weil Menschen mit schlechtem Gewissen nicht protestieren.

Die Kommunisten haben unnötige und unbrauchbare Arbeitsplätze für politische Agitatoren und Spitzenpolitiker geschaffen. Die mächtigen Parteibonzen haben unkontrolliert verwaltet und geherrscht.

Der moderne Kapitalismus hat von den Kommunisten viel gelernt. Firmeninhaber gehen in die Anonymität und lassen sich, ohne zu arbeiten, das Geld ausbezahlen. Sie behaupten, das Geld arbeitet für sie. Anstatt eigene Arbeitskraft einzusetzen, werden überbezahlte Manager eingestellt, die als Alibibeschaffer agieren. Sie erfinden unermüdlich immer neue Abzocke-Systeme. Sie organisieren Leistungssteigerungen. Es wird rationalisiert bis zur Erschöpfung, wie das die Krankenkassen in ihren Statistiken über Burnout-Erkrankungen belegen.

Die undurchsichtigen Kalkulationen bei Konzernen, bei Stromerzeugern, bei Wasserversorgern sowie bei der Telekommunikation, um nur einige zu nennen. Sie sind ein Beweis für unehrliche Abzocke und unehrlichen Wettbewerb.

Unsere gewählten Staatsdiener lassen willkürliche Zustände in der Gemeinschaft, ohne einzugreifen, geschehen. Das Kartellamt erscheint mir oft machtlos und langweilig in seinen Maßnahmen. Kurios ist, dass Gemeinden vom Kartellamt nicht kontrolliert werden dürfen. Da frage ich mich, mit welchem Recht und was ist der Grund hierfür.

Mir scheint, dass 20% begünstigte Staatsdiener in einem Staat die restlichen 80% der Bevölkerung lenken und Macht ausüben können.

Wir verkommen immer mehr zu einer Zweiklassengesellschaft, weil Demokratie pur sich für alle Bürger noch nicht vollständig etablieren konnte. Die ehemals erfolgreiche Marktwirtschaft wirkt allmählich wie eine vergangene Option in unserer Gesellschaft.

Ich will nicht von einem undurchsichtigen und gierigen Markt verwaltet werden, wo ich aufgrund des Wettbewerbs auf marktwirtschaftliche Fallen aufpassen muss.

Ich will, dass gewählte Staatsdiener das Zusammenleben regulieren und nicht ein aufgeblähter erpresserischer Markt mit schlecht bezahlten Menschen.

Unser Problem auf Dauer ist, dass immer weniger Menschen immer mehr produzieren.

Diese Problemlage kann nur durch ein anderes Wertesystem in einer Gemeinschaft gelöst werden.

Die aktuelle Philosophie ist herausgefordert

Sie muss sich den Krisen in unserer Gesellschaft stellen, weil die Politik hierfür keine Lösungen mehr bieten kann und will. Einige Staatsmänner wissen immer rückblickend, was man hätte besser machen müssen und wie wirkungsvoll oder dilettantisch ehemalige

Maßnahmen gewesen sind. Eine resultierende Lehre hieraus wird leider nicht gezogen.

Ich will versuchen, den Nerv unserer Zeit zu treffen. Ich will zu einer Neuorientierung und über eine gerechte menschliche Existenz zum Nachdenken animieren.

Verschiedene „Eliten" haben sich in unserer Wirtschaft und im öffentlichen Leben ausgebreitet. Sie beanspruchen für sich unfaire Privilegien. Sie nutzen so unsere offene Gesellschaft unverschämt aus.

Die selbsternannten Eliten leiden an einem Überwertigkeitskomplex. Einige Großverdiener sind von den eigenen Fähigkeiten derart überzeugt, dass sie aus einer überheblichen Position heraus meinen, sie seien klüger, talentierter, sie leisteten Außergewöhnliches, sie seien fleißiger und hätten deshalb ein Recht auf überhöhte Einnahmen.

Bei einigen intellektuellen Fernsehdebatten fällt auf, dass manche Politiker einen geringen Sachverstand haben. Der ehemalige Chef der Deutschen Bank, Herr Kopper, spricht im Zusammenhang mit der Finanzkrise von „dümmlichem Gerede von unseren Politikern, die wissen doch gar nicht was los ist".

Nach unserem demokratischen Verständnis braucht man, um Politiker zu werden, keine spezielle Ausbildung.

In der Wirtschaft wird dagegen bei einigen Berufen ein psychologischer Eignungstest verlangt. Unsere Volksvertreter sollen doch die „Macher" werden, die verantwortungsvolle Entscheidungen treffen müssen.

Ich befürchte, dass bei Wahlen viele Wähler auf ideologische Fantasien hereinfallen und sich über die konsequenten Folgen vieler Entscheidungen nicht bewusst sind.

Zusammengesetzte Regierungskoalitionen aus mehreren Parteien verfälschen oft den Willen der Mehrheit des Volkes. Nach jeder Neuwahl entsteht sprichwörtlich eine Situation

"rein in die Kartoffeln, raus aus den Kartoffeln".

Über die gegenwärtigen Entscheidungsprozesse müsste mehr nachgedacht werden. Die Bürger müssen Gelegenheit haben, an den Entscheidungsprozessen mitzuwirken.

Wir sind eine Schicksalsgemeinschaft, ob wir das wollen oder nicht. Die gegenwärtige Informatiktechnologie ist für eine elektronische Meinungsforschung bereits ausgereift.

Kapitel 2

Wirkungsbereiche des Menschen

Abb. 3: Zeichnung Marie Kuhn –Phantom

Die Basis für Leben

Die menschlichen materiellen Bedürfnisse zu sichern, ist die wichtigste Aufgabe der Menschheit. Es handelt sich um existenzielle materielle Bedürfnisse, von der Natur so auferlegt. Der Mensch wird dazu gezwungen, seine Bedürfnisse selbst zu sichern. Das ganze menschliche Streben ist von dieser materiellen Ausrichtung abhängig.

Alles Irdische steht mit der Schöpfung im Einklang. Auf dieser Basis ist der Mensch eine selbstorganisierte energetische Einheit, die sich, um zu überleben, versorgen muss. Es geht hier buchstäblich um Sein oder Nichtsein.

Aus welchen Quellen sich der Mensch versorgt, ist nicht relevant. Seine Bedürfnisse sind unabänderlich von der Natur, von dem göttlichen Prinzip, schon festgelegt. Die Natur hat keine Günstlinge auf diesem Planeten geschaffen. Dieser existentielle Bedarf des Menschen kann von keiner Politik, keiner Religion oder einer Ideologie korrigiert werden. Die materielle Versorgung des Menschen muss die Gemeinschaft durch effiziente Produktion der Versorgungsgüter sowie eine gerechte Verteilung garantieren.

Wenn gegenwärtig eine automatisierte Fertigung den Bedarf an Versorgungsgütern für jedermann sichern würde, könnte sich der Mensch anderen Daseinszielen widmen. Wer diesen materialistischen Aspekt des Menschen wegen einer fragwürdigen Philosophie oder Religion leugnet, der irrt. Ein gesunder Geist kann nur in einem gesunden und gepflegten Körper aktiv existieren. Das Geistige und das Materielle müssen sich in Harmonie eines bewussten Lebens ergänzen. Durch derzeitigen technologischen Fortschritt entstehen zwangsläufig immer neue Bedürfnisse des Menschen, die weitgehend die existenziellen Grundbedürfnisse wie Nahrung und Kleidung erweitern. Der Mensch wird durch seine Weiterentwicklung immer größere Ansprüche an das Leben stellen. Es geht nicht nur um materielle Versorgung wie zu Platons Zeiten, sondern um neuartige Innovationen und Wissensbereiche. die den Menschen durch den geistigen Fortschritt und die neu gewonnenen Erkenntnisse ein freieres und reicheres Leben ermöglichen werden. Unter dieser Prämisse ist ein Leben in Askese nicht erstrebenswert.

Die Ansprüche der zukünftigen Generationen werden immer größer. Die Sehnsucht nach Gerechtigkeit, nach Freiheit ohne Herrschaftssysteme wird sich durchsetzen und eine geeinte Menschheit hervorbringen.

Die Regeln für ein Zusammenleben in so einer menschlichen Gesellschaft sind schon vorprogrammiert. Der Mensch muss diese Aspekte mit seinem Verstand erkennen und als das Gute einordnen und in das praktische Leben integrieren. In dieser Schöpfung besitzen wir alle Freiheiten, um unseren Geist weiter zu entwickeln, um Nächstenliebe und Toleranz in unser Leben einzulassen.

Das Böse lauert an allen Ecken

Wenn ich mir die realen Vorgänge in der Natur auf unserem Planeten anschaue, sehe ich nur Lebensgefahren. Das Leben ist durch Unsicherheiten, Notlagen und Gefahren stark belastet.

Auf das Ereignis einer Geburt folgt nach einigen Jahren unwiderruflich der Tod. Das ganze Leben wird von Leid und Krankheiten begleitet. Die Natur lässt körperliche und geistige Behinderungen zu. Naturkatastrophen auf unserem Planeten verursachen permanent viele Tote und Verletzte. Menschen schlachten sich in unsinnigen Kriegen gegenseitig ab.

Die Realität im Tierreich ist nicht anders, sie gleicht einem Schlachthof. Um zu überleben, frisst jeder jeden, und das schon seit den

Zeiten der Dinosaurier, wie es die Knochenfunde der Archäologen belegen. Im Bereich der Pflanzen gibt es neben Heilpflanzen auch giftige Pflanzen. Diese zwei Pole von Leben und Tod sind in der ganzen Schöpfung präsent. Ich frage mich, warum wurde dann dieser lebensfeindliche Zustand vorprogrammiert und welche göttliche Absicht steckt dahinter?

Das alles entbehrt jeglicher Logik. Ich denke, das Werden und Vergehen bleibt uns noch unreifen Menschen weiterhin erhalten.

Wir Menschen sollen die unbewussten Vorgänge in der Natur nicht nachahmen, sondern aus ihnen lernen.

Unser Lebensraum

All das Negative um uns herum birgt auch etwas Positives. Der Planet Erde bezaubert durch seine Schönheit. Er bietet uns alle materiellen Reichtümer und sichert unsere Existenz.

Intelligente Technologien ermöglichen die Erforschung des Weltalls und der gesamten Natur. Das Leben ist lebenswert und es wird sich noch weiter zum Positivem entwickeln. Die Lebenserfahrung lässt den Menschen das Böse vom Guten besser unterscheiden, und sie zwingt den Menschen über Leid zur Einsicht und zur Erkenntnis. Die Natur kann geistige Vorgänge wie Liebe, Güte, Mitgefühl oder Schönheit nicht erkennen und bewerten. Diese Eigenschaften wurden dem Menschen zugeteilt. Das ist auch seine Chance für ein glückliches Leben.

Die erkannten Vorgänge in der Natur befähigen den Menschen zu höherer Erkenntnis und Einsicht.

Die rein materialistischen Abläufe in der Natur kennen keine Gnade und auch kein Mitleid, sie sind gefühllos. Was die Natur einmal vernichtet hat, ist für immer weg.

Wir Menschen sind dagegen eindeutig entwicklungsfähige geistige Wesen. Wir können Zusammenhänge überschauen und deuten. Unsere kosmische Aufgabe in der Schöpfung lautet:

erkenne, verstehe, toleriere und liebe.

Alle diese Eigenschaften sind geistig spirituelle Vorgänge, die auf ein uns unbekanntes Ziel hindeuten. Es handelt sich um menschliche Denkvorgänge. Bei näherer Betrachtung ist ein gewisses Denken und eine Raffinesse auch bei Tieren erkennbar. Der spirituelle Vorgang im menschlichen Gehirn ist ein schöpferischer Vorgang mit Drang zur Erkenntnis und Einsicht. Der Körper wird dagegen vom Gehirn mittels komplizierter Chemie und physikalischer Vorgänge unbewusst gesteuert. Diese Abläufe im menschlichen Gehirn wurden schon vor der Geburt im Mutterleib vorprogrammiert. Die Steuerung des Körpers springt bei Geburt an und läuft vollautomatisch bis zum Ableben. Mein Bewusstsein registriert diese komplizierten chemischen Steuerungsvorgänge meines Körpers nicht, ja ich kann sie nicht einmal beeinflussen, geschweige denn verstehen. Ein Perpetuum Mobile ist unser Körper aber nicht.

Meine philosophische Sicht der menschlichen Bedürfnisse auf unserem Planeten, die Beschaffenheit der Natur, vermittelt mir die Hoffnung, dass mit dem Verfall des Körpers das Leben nicht zwangsläufig enden muss. Unserer Körper scheint von einer Seele besetzt zu sein, die alle Körperfunktionen des Menschen unbewusst steuert und den körperlichen Tod eventuell überdauert.

Die 5 000 Jahre alte hinduistische Tradition schildert in Sanskrit geschriebenen Schriften, den Veden und den Upanischaden, den Glauben an eine Wiedergeburt. Diese alten Schriften sind in der

Bhagavad Gita zusammengefasst. Demnach ist der Mensch ein duales Wesen mit einem materiellen Körper und einer spirituellen Seele, die unsterblich ist. Das zukünftige Schicksal im diesseitigen Leben wird durch Karma gebüßt. Dieser Glaube an ein Leben nach dem Tod ist bis heute bei fast allen Religionen erhalten geblieben.

Die Verursacher heutiger Lebensart

Hier ein Spruch über das Wissen:

„Ich habe Vieles gewusst, aber ich habe nicht gewusst, dass ich das wusste. Erst als ich darüber gelesen habe, ist mir bewusst geworden, dass ich Vieles schon immer wusste.“

Im Laufe des Lebens wird man mit vielen Situationen konfrontiert In jungen Jahren reagiert man unbewusst, so wie es uns beigebracht wurde, nämlich mit Gehorsam gegenüber irgendeiner Herrschaft oder Religion.

Ich denke an meine Generation, die beispielsweise den kalten Krieg hinnehmen musste. Diese ideologische Auseinandersetzung geschah nicht im Sinne des Volkes. Damals wurden alle denkbaren Freiheiten eingeschränkt, die Bürger mussten die ganze Rüstung unfreiwillig finanzieren. In den Ostgebieten herrschte ein Diktat der Besserwisser.

Die Mächtigen haben den über Jahrtausende praktizierten Gehorsam dem einfachen Menschen eingedrillt. Die Oberschicht nutzte dieses Machtinstrument zu Verwirklichung eigennütziger Ziele diktatorisch aus. Die Unruhen in den arabischen Gebieten zeigen an, dass die Menschen sich nicht mehr alles gefallen lassen. Sie wollen die veralteten Machtstrukturen durch neue gerechtere eintauschen. Die Welt braucht keine Herrscher und Besserwisser. Die Welt braucht keine eingebildeten Superreichen, die sich oft selbst maßlos überbewerten. Die Welt braucht auf keinen Fall Verarmte und Hoffnungslose. Die Welt braucht engagierte, selbst bestimmende, freie Weltenbürger, die respektvoll und anständig miteinander umgehen.

Die Auseinandersetzung mit den heutigen ausbeuterischen, undemokratischen Mächten ist bereits weltweit entflammt. Leider haben die freiheitlichen Aktivitäten einen blutigen Verlauf angenommen, und das ist erst der Anfang. Der spontane Aufstand der Menschen darf nicht in eine Art Anarchie oder Revolution abrutschen. Die gegenwärtigen Wutausbrüche der Menschen manifestieren, dass die alten Gesellschaftsstrukturen in unserer aufgeklärten Zeit die allgemeine Akzeptanz verlieren.

Meiner Meinung nach sollte sich die vergangene Basta-Politik auf eine mehrheitliche Abstimmung der Bürgerschaft stützen. Eine elektronische Möglichkeit einer Meinungsrichtung der Bürger würde dies möglich machen. Eigentlich sollte man schon jetzt mit diesem Gedanken anfangen zu experimentieren.

In diesem Buch will ich einige Gedanken der weltlichen Vorgänge präzisieren. Ich stelle mir folgende Fragen:

- Um zu existieren, braucht der Mensch materielle Hilfsgüter.
- Wie soll eine gerechte Gesellschaft organisiert werden?

Zu diesen Grundfragen und daraus resultierenden Schlussfolgerungen kann ich keine detaillierten Recherchen aufstellen. In unserer europäischen kulturellen Landschaft sind Informationen aus Presse, Internet und Politik jedem zugänglich. Diese Quellen nutze auch ich, um meine Ansichten zu präzisieren und mir diese bewusst zu machen. Es ist mir klar, dass meine Weltanschauung nicht überall Zustimmung finden wird. Ich kann mich auch irren, deswegen sage ich schon heute in Demut *mea culpa, mea culpa*, obwohl ich die aktuellen gesellschaftlichen Probleme nicht erfunden habe.

Was heißt es, in der Gegenwart des 21 Jahrhundert zu leben?

Wenn ich über mein Dasein auf der Erde nachdenke, überkommt mich manchmal ein Gefühl, ich sei gar nicht von dieser Welt. Ich komme mir dann vor wie ein staunender kritischer Alien. Mein Bewusstsein signalisiert mir aber schnell, ich gehöre zu dieser von mir vorgefundenen Welt. Meine Empfindungen sagen mir, alles ist in Ordnung, uns in Europa geht es gut, so gut wie noch nie in der Geschichte. Wir sind materiell und sozial relativ gut versorgt. Dennoch wechseln meine Gefühle ständig vom Positiven zum Negativen. Die Flut an Informationen aus den Medien, die permanente Konfrontation mit Armut, die Verstöße gegen die Menschlichkeit verursachen bei mir den ständigen Wechsel der Gefühle.

Bedürfnisse im 21. Jahrhundert

Die erweiterten Bedürfnisse der Menschen in diesem 21. Jahrhundert sind durch einen gewaltigen technologischen Fortschritt entstanden. Wir leben heute intensiver, bewusster und auch bequemer.

Ein aktives Leben in dieser Gesellschaft ist aber nur dann möglich, wenn man sich in die Gesellschaft integriert und an die vorhandenen Lebensabläufe anpasst. Dieses Engagement ist ein Muss, ein kulturelleres Diktat aus der vorhandenen Situation. Diesem Diktat kann man sich nicht entziehen. Das bedeutet, jeder wird gezwungen, durch Leistung den neu entstandenen finanziellen Verpflichtungen nachzukommen. Sie sind zum stressigen Standard geworden. Wie die existentielle Frage: Kann ich meine alltäglichen Rechnungen noch bezahlen?

Platon hat gefragt, **was braucht der Mensch, um leben zu können?** Gegenwärtig stellt sich die Frage anders.

„Welche Technik muss der Mensch heute haben und von welchen Dienstleistungen ist er abhängig?“

Zum intensiven, engagierten Leben in unserer Gemeinschaft ist Folgendes notwendig:

- Küchengeräte wie Kühlschrank, Backofen, Mikrowelle usw.
- Kommunikationsgeräte wie Telefon, Fax, Mobiltelefon, Computer, Drucker usw.
- Fernseher, Radio usw.
- Wohnungen, Pflegeheime usw.
- Mobilität wie Fahrrad, Motorrad, PKW usw.
- Krankenversicherung, Pflegeversicherung, weitere Sachversicherungen usw.
- Zu entrichten sind: Steuern und diverse verdeckte Abgaben usw.
- Zu finanzieren sind: Energie wie Strom, Gas, Heizöl, Wasser, Abfall.
- Kosten für Bildung.
- Kosten für kulturelle Veranstaltungen.
- Notwendige Kosten für Kindererziehung.
- Kosten für Freizeit und Erholung.

Gegenwärtig verursacht schon ein einfaches Dasein eine hohe finanzielle Belastung. Ohne Deckung dieser Bedürfnisse ist ein erfolgreiches Leben in unserer Gesellschaft kaum möglich.

Der Mensch als überflüssiger Ballast

Die Erfolge auf allen wissenschaftlichen Gebieten in der Forschung, in der zunehmenden Effizienz in der Produktion hatten zu Folge, dass viele Erzeugnisse vorwiegend maschinell hergestellt werden. Der Mensch wurde wegrationalisiert.

Die Automaten, die von Computern gesteuerte Roboter ersetzen, verdrängen in zunehmender Maße den arbeitenden Menschen. Der Mensch wird schrittweise aus der Produktion ausrangiert. Er wird zwangsweise zu einem Sozialleistungsempfänger degradiert, sogar mit Anhaftung einer gewissen Schuld an seinem Zustand. Aufgrund der derzeitigen humanitären und sozialen Strukturen in unserer Gesellschaft werden immer mehr Menschen zu einer ökonomischen Belastung. Dieser Zustand wird gegenwärtig aus ethischen Gründen geleugnet. Eventuelle Ersatzarbeitsplätze für den Menschen sind in diesem heutigen System nicht in Sicht. Der Schrei nach mehr Bildung wird dieses Problem auch nicht lösen können, weil die geistigen Voraussetzungen von Mensch zu Mensch verschieden sind.

Das Dasein dieser großen Anzahl an Menschen ist schon heute von der Allgemeinheit kaum finanzierbar. Die Zukunft gehört den Robotern, die die menschliche Arbeit überflüssig machen werden. Diese Technologien sollten allen Menschen dienen und nicht nur einer kleinen Anzahl von Privilegierten.

Die politischen Klassen predigen uns eine Wachstumsideologie. Die täglichen Nachrichten über permanente Vernichtung von Arbeitsplätzen verkünden aber nichts Gutes. Die steigenden Arbeitslosenzahlen werden immer mehr zur Belastung für die Gesellschaft. Die von den Wirtschaftsmanagern ausrangierten Menschen sind die wahren Opfer der heutigen Ausbeutungspraktiken.

Das Leben neu gestalten

Das zurzeit benötigte Bruttosozialprodukt ist die notwendige Gesamtleistung dessen, was gebraucht wird. Diese Menge an brauchbaren Produkten sollte für die Anzahl der lebenden Menschen abgesichert sein. Je effizienter die Bedarfsgüter hergestellt werden, umso weniger Menschen werden für die Herstellung benötigt. Hier zwei Lösungsbeispiele:

- Die Bevölkerungszahl durch Populationssteuerung entsprechend regulieren. (Chinamodell: zwei Kinder maximal).
- Die Arbeitszeiten kürzen und Freizeit/Arbeitszeit abwechselnd neu gestalten.

Wir tragen Verantwortung für neugeborene Ankömmlinge. Die neuen Generationen werden auf der Erde mit einer Situation konfrontiert, die sie nicht verursacht haben und für die alleine die alten Generationen verantwortlich sind. Der Ruf nach gerechteren Gesellschaftsformen wird immer lauter. Die neuen Generationen haben naturgemäß ein Recht auf ein glückliches Leben.

Es wird viel über die heutige Armut einiger Menschen gesprochen. Die meisten Menschen sind aber nicht arm, sie haben lediglich wenig Geld, um den Anforderungen der modernen Gesellschaft gerecht zu werden. Für die Ursachen dieser Armut ist unsere Gesellschaftskultur voll verantwortlich. Die Politik hat für ein gerechtes Zusammenleben der Individuen nicht gesorgt und ungerechte Regeln nicht beseitigt. Unsere „Gesetzgeber" verhängen nicht zimperlich Geldstrafen, wenn diverse Beträge plötzlich nicht mehr beglichen werden können. Nach der Ursache wird nicht geforscht. Fehlende Einnahmen sind die wahren Verursacher.

Demokratie zu leben, ist nicht einfach. Freiheiten müssen so organisiert werden, dass alle frei sein können. Alles demokratisch weg protestieren geht auch nicht. Freiheit hat ihre Grenzen, wie uns Sokrates' schicksalhafter „Schierlingsbecher" dokumentiert.

Kapitel 3

Unser Heimatplanet – die Erde

Abb. 4: Bild von Marie Kuhn

Wer bin ich woher komme ich?

Als ich nach Antworten gesucht habe, stellte ich fest, ich selbst bin mir unbekannt.

Mit einer Hinterfrage-Technik will ich versuchen, mein persönliches Drama und meine Chancen bewusst zu durchforschen, und das von meiner Kindheit an.

Mein Körper ist das Produkt sexueller Aktivitäten meiner Eltern. Warum ich als Individuum gerade zu meinen Eltern hineingeboren wurde, weiß ich nicht. Ich habe keine Kenntnis über irgendwelche Vorentscheidungen oder Auswahlverfahren vor meiner Geburt.

Ich stelle mir folgende Fragen:

- War meine Geburt angeordnet?
- Bin ich als persona grata auf die Erde gesandt?
- Bin ich meinen Eltern zugewiesen worden?
- Wurden mir meine Eltern zugewiesen?
- War meine Geburt ein sexuelles Zufallsereignis im kosmischen Raum?
- Wer veranlasst mein Gehirn und mein Nervensystem zu arbeiten?
- Wer in mir koordiniert alle materiellen und chemischen Vorgänge so, dass ich denken und leben kann?

Alle diese Lebensfragen deuten auf eine mir unbekannte Realität. Von nichts geschieht nichts, und auch zufällige Ereignisse sind das Ergebnis aus der Vergangenheit der vorherigen Erscheinungswelt. Die Lebensweise, die Intelligenz und vor allem die Liebe meiner Eltern zu mir werden künftig meine Persönlichkeit prägen. Damit ist mein zukünftiger Lebensweg im Wesentlichen als Standard, **Chance oder Karma** vorprogrammiert.

Die Möglichkeit meine Eltern selbst auszuwählen, oder in einem von mir gewünschten historischen Zeitabschnitt hinein geboren zu werden, (besseres Karma) ist mir nicht möglich gewesen.

Ein „Nichts“ bin ich, ein Gefangener in meinem Körper, der noch nicht vollständig entwickelt und auf Gnade und Hilfe meiner Mutter und meines Vaters angewiesen ist. Ja, ich bin an sie ausgeliefert worden. Kinder sind von Geburt an bedroht und der Gefahr ausgesetzt, misshandelt oder getötet zu werden. Sie sind von materiellen Verhältnissen der Eltern und den äußeren Mächten abhängig. Auf diese Welt habe ich nichts mitgebracht. Geschenkt bekam ich einen gesunden Körper, ein Leben und die Liebe und Fürsorge meiner Eltern.

Ähnliche Fragen hat schon Marc Aurel in seinen Notizen „Der Weg zu sich selbst“ gestellt.

Marc Aurel, Kaiser des Imperium Romanum (*26.04.121 n. Chr. † 18.03.180 n. Chr.) förderte das Studium der Philosophie durch Gründung einer Universität in Athen mit hervorragend bezahlten Lehrstühlen.

Auszug aus den "Selbstbetrachtungen" Marc Aurels:

„Mein Großvater Verus gab mir das Beispiel der Milde und Gelassenheit.

Meinem Vater rühmte man nach, er habe einen echt männlichen und dabei bescheidenen Charakter besessen, worin ich ihm nachahmte.

Meine Mutter war mir durch ihre Frömmigkeit und Wohltätigkeit ein Vorbild; ich bestrebte mich, ihr gleichzukommen und das Böse weder zu tun noch auch nur zu denken und wie sie einfach und mäßig zu leben, weit entfernt von dem gewöhnlichen Luxus der Großen.

Meinem Urgroßvater, nach dessen Willen ich die öffentlichen Schulen nicht besuchen sollte, verdanke ich es, daß ich zu Hause den Unterricht tüchtiger Lehrer genoß, und ich erkannte, daß man hierin nicht genug tun könne."

(Quelle: https://www.projekt-gutenberg.org/antonius/selbstbe/selbstbe.html)

Mein Glück, dass ich in eine intakte, liebevolle Familie hineingeboren wurde. Vielen Neugeborenen auf diesem Planeten Erde bleibt diese glückliche Chance verschlossen und sie müssen sich mit ungünstigen Lebensbedingungen abfinden. Einen Anspruch auf günstigere Lebensverhältnisse gibt es nicht. Auch meine Eltern, Großeltern und alle Vorvorreden haben bei ihrer Geburt die gleiche Situation vorgefunden. Ihre Lebenschancen waren an den damaligen historischen und kulturellen Zeitabschnitt der Menschheit gebunden.

Die Astrophysiker behaupten, wir Menschen stammen aus der Materie von ausgebrannten Sonnen, wo Wasserstoff zu Helium verbrennt. Bei diesem atomaren Prozess bilden sich schwere Elemente, und aus denen entstanden die Bausteine des Lebens. Weil es im Weltall viele Sonnen mit Planeten gibt, muss es auch viele lebendige und ansprechbare Wesen im kosmischen Raum geben. Ich frage mich: Wozu dient eigentlich diese permanente Reproduktion, das Vermehren von diesen roboterähnlichen Kohlenstoffeinheiten namens Menschen?

Abb. 5: Konstruktion Kuhn 2002

Mein Heimatort im kosmischen Raum

Dass überhaupt etwas Sichtbares und Greifbares existiert, ist schon ein Wunder. Das „Nichts" würde mir logischer erscheinen, weil es ohne irgendwelche Begründungen eine Nichtexistenz wäre und wir alle wüssten nichts. Es fällt auf, dass man diesen Zustand nur sehr schwer beschreiben kann. Hier liegt im Verborgenen etwas Unbekanntes, etwas Mysteriöses.

Für mich steht fest, ich nehme das Universum wahr, es existiert.

Die galaktischen Sternenhaufen und deren Planeten, alles ist in Bewegung. Die Erde dreht sich um die eigene Achse, gleichzeitig dreht sie sich um unsere Sonne. Die Sonne dreht sich mit allen Planeten um unsere Galaxie. Die Galaxie dreht sich um ein schwarzes

Loch in der Mitte, und das alles bewegt sich nach irgendwo im Weltraum. Die Galaxien entfernen sich voneinander, sie expandieren im Raum und der Raum, den sie in der Zeit durchqueren, wird immer größer. Bis jetzt weiß keiner, wohin die Reise geht und welches Fernziel die galaktischen Objekte ansteuern. Unsere Erde hinterlässt dabei im Raum eine komplizierte wellenartige Spur. Eine Spur, die aus der **Vergangenheit** in das **Jetzt** und weiter in die **Zukunft** führt. Ich frage mich, wird auf dieser Spur das Geschehene gespeichert, oder geht die Vergangenheit im Weltraum für immer verloren?

Seit Einsteins Relativitätstheorie ist bekannt, dass je schneller sich ein Objekt bewegt, umso langsamer vergeht die Zeit auf diesem Objekt. Die **Zeit** wurde daher als vierte physikalische Größe zu **Länge, Breite, Höhe** aufgenommen. Die Zeit ist nicht einheitlich, sie gilt als eine relative Größe zum Beobachter.

Alle Objekte im Universum sind komplexe Gebilde, bestehend aus Materie, die den festgelegten chemischen und physikalischen Gesetzen unterworfen ist. Das reale Universum ist einerseits geheimnisvoll und unbegreiflich, andererseits erscheint es wie ein Puzzle mit einer intelligenten Logik. Zufällige Vorgänge sind nicht erkennbar. Alle diese Erkenntnisse über die Vorgehensweise der Natur, lassen auf eine universale Ordnung schließen.

Hinter dieser Ordnung vermute ich einen **„Baumeister“** Er offenbart sich nicht und dessen Plan bzw. Absicht ist für uns Menschen nicht erkennbar. Der Kosmos, griechisch Ordnung/Schmuck mit einer Vielzahl an chemischen und physikalischen Eigenschaften der Materie, ist wahrscheinlich durch Zufall entstanden. Wenn ich mit einem Würfel spiele, sind sechs Variationen möglich, und keine sieben. Der Würfel muss aber vorher von jemandem erdacht und entworfen werden, sonst könnte man ja nicht würfeln.

Dem Kosmos müssten eigentlich alle realen Auswirkungen und Kombinationen der Materie Elemente bekannt sein. Das heißt, der

Kosmos muss ein ungeheures Wissen besitzen und ein gewaltiges Gedächtnis haben. Zu dieser Schöpfung gehört noch eine organisierte Planung mit einem Sinn für Formgebung und Funktionalität. Das Projekt „Kosmos" muss noch einen uns unbekannten Sinn verfolgen. Als Konstrukteur stand ich oft vor einem weißen Blatt Papier auf dem Reißbrett, später vor dem Bildschirm und wusste nicht, wo ich anfangen soll. Zur Darstellung und Detaillösung einer Idee ist strategisches Denken notwendig, daher fällt es mir schwer, an Zufall zu glauben wie die Darwinisten. Wenn schon Evolution, dann bitte eine gesteuerte Evolutionsstrategie.

„Gott würfelt nicht", sagte Albert Einstein. Er war überzeugt, dass ein Plan und eine Strategie die Schöpfung bestimmt.

Überall wo ich hinschaue, sehe ich in der Schöpfung eine Absicht. Der Urheber dieser Schöpfung bleibt uns Menschen verborgen. Wahrscheinlich sind wir in der Schöpfung nicht so wichtig wie wir gerne glauben möchten. Unser Körper trägt alle Merkmale einer durchdachten Konstruktion, die den Naturgesetzen unterworfen ist. Hier wurden Bausteine der Natur intelligent so gemischt und manipuliert, dass unser physikalischer Körper selbstständig, lebensfähig und reproduzierbar, ohne jegliche Hilfe funktioniert. Ja wir können nicht anders, wir **müssen leben**.

Daraus kann man folgen, dass Selbstmord von der Natur zwar möglich, aber nicht gewollt ist. **Ich bin überzeugt, wir Menschen sind erschaffene Wesen.** Dieses müsste jedem von entscheidender Bedeutung sein, wenn man sich dessen voll bewusst wird. Alles deutet auf eine noch unbekannte Komponente, die uns Menschen lebendig macht und ein rationales denken ermöglicht. Für mich ist es wichtig meine persönliche Vorstellung über das Universum, in das ich hineingeboren wurde, zu haben.

Die zugrundeliegende Ordnung des Weltalls will ich begreifen und nach dem Sinn meiner Existenz fragen. Hierzu ist Wissen notwendig, und das ist nicht einfach. Wissen ist etwas ganz Persönliches, Wissen ist nicht übertragbar. Wissen entsteht aus Lernprozessen, erlebter Erfahrung, Erkenntnis, Demut und Einsicht. Bewusstwerdung des Geistes wird immer von Wissen begleitet.

Aus dem **„Nichts“** bin ich in diese Welt gekommen. Der mir zugeteilte Körper besteht aus Materie, er hat materielle Bedürfnisse, daher steht jedem Neugeborenen **im Namen des Lebens** von bereits existierender menschlicher Gesellschaft und von den Eltern eine materielle Versorgungspflicht und Zuwendung zu (Bedürfnisse – siehe Plato). Die göttliche Natur hat es durch den eingebauten sexuellen Trieb so vorgesehen. Alles andere ist Sünde.

Das mir zugeteilte Gehirn mit einem Gedächtnis, hat bereits vor der Geburt angefangen, selbstständig zu funktionieren. Mein Gehirn muss jetzt lernen, mit der Umgebung, die auf mich einwirkt, fertig zu werden.

Ich habe keine Kenntnisse von dem, was vor meiner Geburt geschehen ist. Daher bin ich für die Sünden der Menschen aus der Vergangenheit nicht verantwortlich. Ich bin auch nicht verantwortlich für gesellschaftliche Sünden oder nationale Sünden. Ich lebe in dem Bewusstsein, jedes Individuum muss zu Lebenszeit die falschen Vorgänge aus der Vergangenheit, das Gute und das Böse erkennen und entsprechend seinem Gewissen handeln, oder sich engagieren.

Gelegentlich dringen in mein Bewusstsein Erinnerungen, die auf ein früheres Leben hinweisen. Für mich sind es mysteriöse Informationen, die ich noch überprüfen werde. Hier stoße ich jedoch auf wenig Akzeptables und auf ein peinliches, spirituelles Thema. Objektiv kann ich nur das erfahren, was mir meine Sinne und mein realer Verstand erlauben. Auf die Welt bin ich vollkommen unschuldig gekommen. Trotz der scheinbaren Unschuld, bin ich schuldig, weil ich unwissend und unerfahren bin.

Meine Eltern müssen mich schützen und für mich vordenken. Fehlschritte werden auch in diesem Alter von der Natur nicht akzeptiert. **Daher sind Kinder ihren Eltern zu Dank verpflichtet**, dafür, dass sie sie auf die Welt gebracht haben, sie erzogen und sich um sie gekümmert haben.

Der Mangel an **Wissen** verursacht Leid, Schmerz, Ungerechtigkeit, Überheblichkeit und manchmal sogar den Tod. Unwissenheit ist Sünde gegen das Leben und gegen andere Menschen. Jeder Mensch als Individuum, als denkende Einheit, ist einzigartig und daher für alle seine Taten verantwortlich. Sünde ist daher mehr als eine moralische Verfehlung. Man sündigt aus Mangel an Bewusstsein. Dieses wird in der Bibel als **„Erbsünde, als Ungehorsam gegen Gott"** definiert. Durch Mangel an Wissen haben wir für die Andern wenig Verständnis, es mangelt an Liebe, das Verzeihen fällt schwer. Habgier und Neid beherrschen den Geist, bösartige Handlungen sind die Folgen.

Meine Chance auf dem vor mir neu beginnenden Lebensweg ist aber **Hoffnung**. Auf diesem Lebensweg habe ich als Ausgleich einen Gerechtigkeitsinstinkt und die Fähigkeit, zwischen Gut und Böse zu unterscheiden, erhalten.

Dieser Instinkt hat mich später in meinen Handlungen und Entscheidungen geleitet. Durch diese Gabe habe ich die Chance erhalten, mich mit steigendem Bewusstsein immer wieder durch neue Erkenntnisse zu verbessern. Dabei wurde ich von klugen und aufgeklärten Menschen unterstützt und von noch nicht reifen Menschen niedergemacht.

Auf meinen Lebensweg erwarten mich auch zahlreiche Konflikte mit Mitmenschen und mit verschiedenen Mächten. Diese Konflikte sind durch die reale Situation auf der Erde für mich schon vorprogrammiert. Hier liegen Liebe und Hass, Verzückung und Leid dicht nebeneinander. Grausamkeit und Gewalt sind Folgen von noch mangelndem Bewusstsein und Ausdruck einer primitiven Dummheit Soll der Mensch durch diese methodische Konfrontation mit Leid und demütigenden Ereignissen zum höheren Bewusstsein geführt werden? Ich vermute ja.

Der griechische **Philosoph Epikur 300 v. Chr.** hat Genuss als Lebensprinzip angesehen. Er hat über Moralkriterien nachgedacht. Hier seine Überlegung über Gott:

1. **Entweder will Gott die Übel auf Erde beseitigen und kann es nicht.**
2. **Oder er kann es und will es nicht.**
3. **Bei diesen zwei Möglichkeiten ist Gott entweder nicht allmächtig, oder nicht gütig, oder beides nicht.**

Ich staune über dieses philosophische Thema, über das schon vor 2.310 Jahren nachgedacht wurde.

Bedenke jedoch, Gottes Wille ist für uns Menschen nicht erkennbar, und eine kritische Haltung steht uns auf Grund der noch mangelnden Erkenntnis nicht zu. Der Fortschritt in der Astrophysik und in der Technik, hat uns das zu Zeit gültige Wissen über die Himmelsordnung im kosmischen Raum näher gebracht. Unzählige Milliarden galaktischer Systeme sind am Himmel mittels modernster Instrumente zu sehen. Diese riesigen Mengen an Materie brauchen wir Menschen zum Leben eigentlich nicht. Welchem Zweck dienen diese Materiemengen und die gewaltigen kosmischen Weiten?

Ich schließe daraus, dass der Zweck der Schöpfung nicht der Erdenmensch allein sein kann. Das Leben allgemein ist zeitlich begrenzt. Mit welcher Absicht wurde ich zur Erde geschickt und warum ist das Sterben vorprogrammiert?

Meine Heimatgalaxie

ist die Milchstraße, sie umfasst etwa 100 Milliarden Sterne, die im kosmischen Raum in Form einer flachen Diskusscheibe angeordnet sind. Ihr Durchmesser beträgt etwa 100.000 Lichtjahre. Das heißt bei einer Geschwindigkeit des Lichtes von ca. 300.000 km/ Sekunde (Licht-Konstante im Vakuum = 299.793 km/Sek.) ist das Licht fast 100.000 Jahre unterwegs, ehe es unsere Milchstraße durchquert. Die Entfernungen zwischen den galaktischen Systemen sind noch viel größer.

Mein Heimatstern

ist die Sonne. Sie ist ca. 28.000 Lichtjahre vom galaktischen Zentrum entfernt und umkreist das Zentrum mit einer Geschwindigkeit von ca. 250 km/Sek. Für einen vollständigen Umlauf benötigt sie ca. 240 Millionen Jahre. Das Licht unserer Sonne ist 8 Lichtminuten unterwegs, eher es die Erde erreicht.

Der nächste Nachbarstern zu unserer Sonne in unserer Galaxie ist der Stern Proxima Centauri und der Doppelstern Alfa Centauri A und B. Alle drei sind 4,2 Lichtjahre entfernt.

Mein Heimatplanet

ist die Erde, sie ist der dritte Planet in der Umlaufbahn um die Sonne.

Die Erde dreht sich um die Sonne mit einer Geschwindigkeit von 108.000 km/Std. Sie ist ca. 150 Millionen km von der Sonne entfernt.

Hier die 9 Planeten unseres Sonnensystems in Reihenfolge der Entfernung von der Sonne. Mars ; Venus ; Erde ; Merkur ; Jupiter ; Saturn ; Uranus ; Neptun ; Pluto. Bis auf Pluto bewegen sich alle Planeten auf einer Ebene.

Diese einzigartige Anordnung ist noch nicht begründet. Alle diese Fakten, Daten und Zahlen, sind von unseren Vorvorderen und gegenwärtigen Wissenschaftlern erforscht und belegt. In diesen technologischen und wissenschaftlichen Zeitabschnitt der Menschheit wurde ich hineingeboren.

Im Musical „Hair“ begrüßen Hippies den Anbruch des Wassermannzeitalters. Prophezeiungen verkünden jedoch Zerstörung der Traditionen und sagen unruhige Zeiten auf der ganzen Welt voraus. All das klingt wie eine amüsante Story. Bei näheren Hinsehen stelle ich fest, es handelt sich um meine Lebenszeit und Positionskoordinaten in der kosmischen Raum-Zeit.

Meine Geburt war ein kosmisches Ereignis, vom Kosmos so gewollt. Dieses Ereignis kann nicht sinnlos gewesen sein. Welchem Zweck aber soll mein Erscheinen in der realen Welt dienen? Jetzt habe ich eine Adresse, und eine Identität. Von all diesen Vorgängen weiß ich nichts. Mein Körper, die roboterähnliche Kohlenstoffeinheit, hat angefangen, selbstständig zu funktionieren. Ich habe keine Erinnerung an den ersten Atemzug und an meine Beteiligung bei der Geburt kann ich mich nicht erinnern. Erwacht ist jedoch mein Bewusstsein und Unterbewusstsein. Ab Morgen muss ich leben und angesagt ist es zu wachsen, zuzuhören und zu lernen. Aus all dem, leite ich ab:

Ich bin von Anfang an nicht mein eigener Herr.

Zwänge, in die uns das Leben stellt

Der Mensch „funktioniert“ nach unumstrittenen Naturgesetzen. Diese Gesetze gelten für alle Menschen, egal auf welcher geistigen Stufe sich der Einzelne befindet. Hier handelt es sich um die materielle und geistige Versorgung der Menschen. Ohne diese Versorgung ist Leben nicht möglich. Wir haben die moralische Pflicht, hilflosen, kranken, behinderten und neugeborenen Menschen zu helfen.

Die Dynamik des Lebens zwingt uns zu Entscheidungen und Taten. Dabei haben wir die Wahl **ja** oder **nein** zu sagen. Diese Freiheit hat positive wie negative Folgen. Mit jedem „ja“ oder „nein“ übernehmen wir Verantwortung. Diese Handlungen können nur auf der geistigen Ebene getroffen werden. Daraus folgt:

Der Geist ist das Wichtigste im Menschen. Die immateriellen Vorgänge des Geistes sind Mut, Hoffnung, Wissen und Liebe.

Meine Weltsicht vertritt keine Ideologie, sondern wird von den Naturgegebenheiten und der menschlichen Ethik – wie ich sie verstehe – geprägt. Keine Statistiken, nur Gefühle und vorhandene Realitäten, habe ich hier zugelassen

Dieses Buch ist kein Roman, sondern ein Sachbuch. Es soll auf Verhaltensregeln hinweisen, die ein gerechtes Miteinander von Mensch zu Mensch erkennen lassen. Für ein Zusammenleben braucht der Mensch **Regeln bzw. Gebote**, die in einer Demokratie von allen akzeptiert und beachtet werden müssen. Es gilt das **Mehrheitsprinzip**.

Uns Menschen wurde kein langes Leben gegeben. Wir müssen die mühsam erworbenen Erkenntnisse von Generation zu Generation weiterleiten. Dabei müssen veraltete „Wahrheiten“ durch neue Erkenntnisse permanent erneuert werden. Das Wachstum des menschlichen Geistes ist somit für die Zukunft vorprogrammiert.

Der Mensch als Individuum ist von anderen Menschen abhängig. Er ist nur in einer Gemeinschaft lebensfähig, daher muss die menschliche Gemeinschaft sich naturgemäß so organisieren, dass jedem Individuum Überlebenschancen garantiert werden. Dieses gesellschaftliche Engagement wird in unserer hoch technisierten Welt immer deutlicher erkennbar.

Es wird gesellschaftlich ein neues Wertesystem erzwingen. Ich frage mich, wird das ein friedlicher Übergang, oder wird das als gewaltsamer Konflikt geschehen? So wie es jetzt ist, bleibt es mit Sicherheit nicht.

Der Mensch darf nicht unter der Herrschaft von anderen Menschen stehen. Der Mensch kann frei gestalten. Sein Freiheitsanspruch darf aber nicht rücksichtslos gegen Mitmenschen angewandt werden.

Kapitel 4

Verteilung der Güter

Abb. 6: Bild von Marie Kuhn

Wem gehört der Planet Erde?

Der Inhaber des kosmischen Raums und der Erde ist uns nicht bekannt. Zwei hypothetische Antworten bieten sich an:

1. Der Kosmos mit all den verschiedenen Elementen hat sich durch Zufall aus dem „Nichts" gebildet und hat daher keinen Eigner.
2. Der Kosmos ist von einem uns unbekannten Baumeister geplant und strategisch angelegt worden. Wir Menschen sind daher nicht die Eigentümer von diesem Planeten Erde. Der wahre Eigner meldet sich nicht.

Weil die Erde aber der Entstehungsort von allen Lebewesen ist, hat jedes Lebewesen einen natürlichen Anspruch auf alle Schätze des Heimatplaneten Erde. Meiner Meinung nach stehen uns lediglich Nutzungsrechte zu. Dies geht auch aus dem Alten Testament, siehe Genesis (1. Buch Mose), hervor:

> *„(27) Und Gott schuf den Menschen nach seinem Bilde, nach dem Bilde Gottes schuf er ihn, als Mann und Frau schuf er sie.*
> *(28) Gott segnete sie, und Gott sprach zu ihnen: „Seid fruchtbar und mehret euch und erfüllet die Erde und macht sie euch untertan! Herrschet über die Fische des Meeres und über die Vögel des Himmels und über alles Getier, das sich auf Erden regt!"*
>
> *(Gen. 1,27.28 – zitiert nach der deutschen Ausgabe der Bibel, Die Heilige Schrift des Alten und Neuen Bundes, hrsg. v. Arenhoevel, Deissler, Vögtle; Herder Verlag 1968, 9. Aufl.)*

Demnach haben alle Menschen dieser Erde das Recht auf Nutzung aller Bodenschätze, Pflanzen und Tiere auf diesem Planeten Erde. Wir werden angewiesen, uns diese zu unterwerfen.

Vergangene Gesellschaftsformen

Archäologen sprechen in der Weltgeschichte von Höhlenbewohnern, Jägern und Sammlern. Mein Interesse gilt aber den menschlichen Gemeinschaftsformen:

- Die Frühzeitgemeinschaft
- Das Sklavensystem
- Das Feudalsystem
- Der Kapitalismus
- Der Kommunismus
- Der Sozialismus
- Diverse Formen von Diktaturen
- Demokratien

Alle diese Herrschaftssysteme waren für die Menschheit dieser Epochen immer ein Teilfortschritt auf dem steinigen Weg auf der Suche nach Weisheit und nach Bewusstwerdung des Geistes.

Jede Epoche bewertete das Eigentum anders. Ware wurde gegen Ware getauscht, das Gold als Zahlungsmittel für Dienste und Sklavenhandel eingeführt. Abhängigkeit, Ausbeutung und Armut waren immer die schrecklichen Folgen für unsere Vorfahren.

Unsere Vorfahren haben sich durch ihr Leid an unserem jetzigen Fortschritt verdient gemacht. Diese Entwicklung ist noch nicht abgeschlossen.

All die Kriege in der Vergangenheit sehe ich in der Tatsache begründet, dass die natürlichen materiellen Bedürfnisse der Menschen nur schwer und durch zu hohen Arbeitseinsatz gedeckt werden konnten. Die damaligen existenziellen Ängste haben zu Macht, Gier und Hortung von Reichtümern geführt. An dieser Stelle will ich noch einmal Marc Aurel (Römischer Kaiser) sprechen lassen, der hier versucht, über die damalige Armut nachzudenken. Kaiser Marc Aurel dankte den Göttern, dass er immer das nötige Geld hatte, wenn er einem Bedürftigen helfen wollte.

Die großen Religionen haben zwar Hoffnung und Heil verkündet, selbst aber Machtkriege geführt und Reichtum gehortet. Sie waren korrupt, den Herrschenden verpflichtet, oder sie haben die Herrschaft selbst ausgeübt.

Unsere gegenwärtige Gesellschaft im 21. Jahrhundert befindet sich in einem dramatischen Umbruch. Zum ersten Mal haben Menschen Hoffnung, dass die Suche nach neuem, gerechterem Miteinander erfolgreich sein könnte. Die beginnende automatisierte Massenproduktion wird diese Entwicklung beschleunigen.

Gemäß meinem philosophischen Gerechtigkeitsinstinkt hat jeder Neuankömmling auf diesem Planeten Erde das **„Nutzungsrecht“** auf alle Reichtümer der Erde. Er hat auch ein Recht auf die Nutzung der technischen und wissenschaftlichen Errungenschaften aus der Vergangenheit und der Gegenwart. Wir alle sind ohne Reichtum nackt auf die Welt gekommen. Keiner von uns ist mit einem göttlichen Erbschein über Gemeingüter wie z.B. Diamantenfelder, Ölfelder oder Kaffeeplantagen geboren worden.

Auch unsere Eltern und Ureltern haben diesbezüglich keinen Erbschein mitgebracht. Daraus geht hervor, der Reichtum der Erde ist im Prinzip ein Gemeinschaftsgut und kann daher niemals als Privatbesitz deklariert werden. **Persönlicher Reichtum muss immer erarbeitet werden. Alles andere bezeichne ich als Diebstahl an der Allgemeinheit.**

Die gesellschaftliche Konsequenz aus dieser Diagnose würde umgesetzt zu einer gerechteren Preiskalkulation der Produkte führen. Die Nutzungsrechte müssten hier im Detail noch rechtlich definiert werden.

Die Folgen einer Spekulation

Der Zusammenbruch des Aktienmarktes der New Yorker Börse an der Wall Street am 24. Oktober 1929 brachte Millionen von Menschen um Lohn und Brot. Makler erlitten Nervenzusammenbrüche, Geschäftsleute stürzten sich aus den Fenstern. Die Firmen konnten ihre Ware nicht mehr absetzen. Es zeigte sich, dass die Aktienkurse durch Spekulation künstlich in die Höhe getrieben worden waren und nicht dem tatsächlichen Firmenwert entsprachen. Diese Krise wurde von den damaligen reichen „Eliten" verursacht. Die Spekulanten, die Rockefellers, die Rothschilds und mächtige Bankiers haben die Menschen zum eigenen Vorteil ausgenutzt.

Die Finanzmagnaten manipulierten ihren angeeigneten Reichtum. Sie haben Kriege finanziert, um daran zu verdienen und viele Menschen um ihr Eigentum betrogen. Sie wirken leider noch bis in die heutigen Tage.

Meine Philosophie basiert hier nicht auf Neid, sondern auf Gerechtigkeit für alle und auf den Geburtsrechten jedes Individuums. Die heutige Finanzkrise trägt alle Merkmale der Bankenkrise in New York von 1929. Ich hoffe, dass die zukünftigen Generationen unhaltbare Strukturen in der Gesellschaft durch gerechtere ersetzen und an die Bedürfnisse des Menschen anpassen werden. Wir dürfen all die Fehler des Unrechts früherer Generationen nicht wiederholen.

Wir dürfen auch eine Kontrolle einiger weniger über uns nicht zulassen. Diskussionen im Fernsehen zeigen erfolgreich die Problembereiche unserer Zeit auf. Jede Debatte aus diesen Sendungen und Talkshows ist bei der Suche nach neuen Lösungen hilfreich.

Ich denke über das Gerechte, über das Gute nach.
Ich frage mich, wer kann das Gute definieren?
Ich suche eine Art Standard des Guten für jedermann.

Diese neuen Regeln sollten mit den Bedürfnissen des Menschen im Einklang stehen. Es ist noch zu berücksichtigen, dass wir Menschen in unterschiedlichem historischen und kulturellen Milieu mit ungleichen Sprachen aufgewachsen sind. Hier entsteht eine Diskrepanz zwischen den einzelnen Kulturen, Gesellschaftsformen und Religionen. Ein harmonisches Dasein können wir nur mit Vernunft und Liebe von Mensch zu Mensch aufbauen. Das sollte ein globales Credo unter den Völkern sein. Ich vermute aber noch Probleme. Ich kann nicht erkennen, wie sich die zukünftigen Gesellschaftsformen entwickeln werden. Keine Chance gebe ich den Privatunternehmen.

Eigner können nicht anders, als an der fremden Arbeitskraft zu partizipieren. Um den größtmöglichen Gewinn zu erzielen, werden oft List und Täuschung bei Kalkulationen angewandt. Ich glaube, zukünftige Produktionssysteme und Technologien werden die Gesellschaftsform bestimmen.

Kapitel 5

Philosophische Betrachtungen

Abb. 7: Entwurf Kuhn 2005

Assoziierte Gedanken

In den vergangenen Jahren habe ich mit Freunden und Bekannten in vielen Gesprächen politische und philosophische Themen diskutiert. Diese Weltanschauungsthemen haben mich schon immer interessiert.

Das ganze 20. Jahrhundert hat uns in nie gekanntem Maße Wohlstand, Fortschritt und Freiheit gebracht. Es war aber auch durch riesige Massenmorde und verbrecherische Diktaturen gekennzeichnet. Die wahren Verursacher sind immer arrogante, ideologisch verblendete Fanatiker, die von Gier nach Macht und Reichtum über die Köpfe der Menschen agieren. Woher nehmen diese Leute psychologische Kenntnisse über Lenkung und Manipulation der Massen, sogar ganzer Nationen?

Mir sind diesbezüglich keine Schulen für derartige „Manager" bekannt. Ich wende mich daher an die alten Philosophenschulen. In diesem Kapitel will ich auf die Hauptprodukte von einigen Philosophen hinweisen. Mein Interesse gilt lediglich den Texten, die uns heute noch etwas zu sagen haben.

Platon, der Staatstheoretiker

Mit Platon begann 427-347 v. Chr. die griechische Philosophie. Sein Werk ist sehr umfassend und in Form von Diskussionsgesprächen mit seinen drei Partnern geschrieben. Er war 8 Jahre lang Sokrates' Schüler. Sokrates' Todesurteil durch die athenische Demokratie hat Platon tief erschüttert. Sein Hauptwerk ist „Der Staat". Seine modern anmutenden Gedankengänge sind sehr überzeugend.

Im Mittelpunkt von Platons Philosophie steht **„Die Wissenschaft vom Guten“**. Er strebt nach Erkenntnis und Wahrheit. Um 450 v. Chr. war das damalige kulturelle Zentrum der Welt die Stadt Athen in Griechenland. Hier entwickelte sich im Laufe der Zeit eine demokratische Gesellschaft mit Volksversammlungen und Gerichten.

Eine Gruppe von wandernden Lehrern und Philosophen, die Sophisten, befasste sich mit dem Menschen und seinem Platz in der Gesellschaft. Der Sophist **Protagoras** 487-420 v. Chr. sagte:

„Der Mensch ist das Maß aller Dinge.“

(Quelle: https://www.spektrum.de/lexikon/philosophie/homo-mensura-satz/892)

Das Recht und Unrecht, das Gute und Böse sind immer in Bezug auf die Bedürfnisse des Menschen zu bewerten. Um an dem demokratischen Prozess teilnehmen zu können, braucht man Unterricht und vor allem Rhetorik.

An dritter Stelle lassen sie sich wohlergehen und trinken Wein. Sie liegen miteinander und zeugen nicht mehr Kinder, als sie sich leisten können. Diesen klugen Gedanken habe ich schon von unserem Papst Franziskus gehört. Schon vor 2 350 Jahren war das modern. Ich stimme zu.

Sokrates, 470–399 v. Chr.

Von Sokrates stammt der Spruch:

„Ich weiß, dass ich nichts weiß.“

(Quelle: https://de.wikipedia.org/wiki/Ich_weiß,_dass_ich_nichts_weiß)

Philosoph heißt eigentlich **„Liebhaber der Weisheit"**. Sokrates protestierte dagegen, dass Menschen zum Tode verurteilt werden. Er hat gelehrt, dass auch ein Sklave dieselbe Vernunft habe wie ein Bürger. Sokrates war die Wahrheit wichtiger als sein eigenes Leben. Im Jahre 399 v. Chr. wurde er angeklagt, dass er die Jugend verderben und nicht an die Götter glauben würde. Eine Jury von 500 Mitgliedern hatte ihn mit knapper Mehrheit dafür „demokratisch" zum Tode verurteilt.

Aristoteles 384-322 v. Chr.

Er war Schüler in Platons Akademie. Er war ein Philosoph der Ordnung. Er stellte folgende Fragen:

- Wie soll ein Mensch leben?
- Was braucht der Mensch, um ein gutes Leben zu führen?
- Der Mensch ohne Gesellschaft ist kein richtiger Mensch.

Aristoteles erhebt die Frage, wie ein Staat organisiert werden sollte und nennt 3 Staatsformen:

- Die Monarchie – es gibt nur einen Staatschef. Monarchie kann zu einer Tyrannei verkommen.
- Die Aristokratie – kleine und große Herrschergruppen, heute als Junta bekannt.
- Demokratie – kann zu einer Pöbelgesellschaft verkommen.

Nach Aristoteles sind alle drei Staatsformen brauchbar, aber sie bergen Gefahren in sich.

(Quelle: https://de.wikipedia.org/wiki/Aristoteles)

Damit sind die drei wichtigsten Philosophen im Groben zitiert. Aus deren sittlichen Überlegungen geht hervor, dass das Ringen um Gerechtigkeit, Freiheit und menschliche Würde schon vor mehr als 2500 Jahren ein Thema war.

Dem Guten in unserer Welt ist das Böse entgegengesetzt. Die Polarität (Yin und Yang) symbolisiert diesen Zustand.

Nur ein höheres Bewusstsein, „die Liebe", kann das Böse überwinden. Das sind Erkenntnisse der antiken Philosophen und aus einigen östlichen Religionslehren.

Abb. 8: Gregory Maxwell/Gemeinfrei (https://commons.wikimedia.org/wiki/File:Yin_yang.svg)

Was ist Demokratie?

Demokratie, griechisch Volksherrschaft, ist eine mögliche **politische Ordnung**. In einer Demokratie ist die Gesamtheit **mündiger** Staatsbürger Träger der staatlichen Verantwortung und der Gewaltausübung, der Exekutive. Der politische Wille der Mehrheit wird respektiert. Gewählte Volksvertreter sind für die Umsetzung der Regeln für das Zusammenleben zuständig.

Demokratie entwickelte sich nach und nach in Athen aufgrund von Erfahrung und Vernunftdenken. Die Griechen hatten genügend Zeit zum Nachdenken, weil Sklaven alle lebensnotwendigen Arbeiten zur Deckung der menschlichen Bedürfnisse für sie erledigten. Bis heute ist eine demokratische Staatsordnung aus Bürgertum die beste Form für ein ausgewogenes Zusammenleben. Wie alles auf der Welt, muss das Maß der Freiheit auch in einer demokratischen Gemeinschaft reguliert werden.

Mir ist es wichtig, den sogenannten mündigen Bürger noch zu definieren, damit gute Entscheidungen getroffen werden können. Der heutige Ruf nach Wahlrecht für Sechzehnjährige, die noch unreif und leicht manipulierbar sind, würde eine verantwortliche demokratische Entscheidung behindern. Mündigkeit heißt, zu Rechtshandlungen befähigt, als erwachsener Mensch zu eigenem Urteil geistig fähig zu sein. Manipulierbare Wählergruppen zu gewinnen, ist äußerst verwerflich.

Wir und das antike Gedankengut

Einer der Hauptgedanken der antiken Philosophen war die Sicherung der materiellen Bedürfnisse der Menschen sowie die Freiheit, Gerechtigkeit und Organisation des Staates.

All die Dinge sind noch heute aktuell. Leider bastelt die Menschheit schon mehr als 2400 Jahre an der Beantwortung und Verwirklichung dieser uralten Fragen.

In unserem Parlament wird eine sachliche Diskussion durch persönliche Angriffe und gegenseitige Schuldzuweisungen und Respektlosigkeit verhindert und somit wertvolle Zeit vergeudet. Manche Politiker erscheinen als Dilettanten, ohne entsprechende Urteilsfähigkeit. Sie präsentieren sich oft als besserwissende Volksprimadonnen. Eigentlich sollten sie die Rhetorikkunst auf die Probleme unserer Zeit anwenden, um die besten Lösungen auszuloten. Stattdessen machen sie in erster Linie Politik für sich selbst und nicht für die Bürger. Die aktuellen Fragen der heutigen Zeit bleiben unaufgeklärt, wie zum Beispiel:

- Warum verlieren Menschen in unserer hoch technisierten Welt die Chancen, sich selbst zu versorgen?

Stattdessen suchen wir vermeintliche Sozialbetrüger, die eigentlich die Folge der Unvollkommenheit in unserer Gesellschaft sind.

- Warum wird die Bewertung menschlicher Leistung nicht diskutiert, um eine gerechtere Verteilung der Einnahmen zu ermöglichen?

Stattdessen setzen sich diverse Lobbyisten mit eigenen Interessenforderungen an die Gesellschaft durch. Wir brauchen in der Wirtschaft sowie in unserer bürgerlichen Gemeinschaft eine neue Verantwortungsethik. Die verschiedenen Leistungsbereiche müssen gerecht eingestuft und bewertet werden. Ich lasse mir die perverse Behauptung, dass Geld „arbeitet“, nicht aufschwatzen. Mein Standpunkt findet auch immer mehr Anhänger.

Was ist Kapitalismus?

Der Philosoph **John Locke,** 1632-1704 n.Chr., propagiert bürgerliches Eigentum. Seine Sicht auf Eigentum basiert auf dem Recht zur Selbsterhaltung. Er hält Eigentumsverhältnisse und Abhängigkeitsverhältnisse für den Naturzustand in einer Gesellschaft. Demnach ist Privateigentum genauso natürlich wie Ausbeutung oder Sklaverei. Aufgabe des Staates ist es, Toleranz zu praktizieren und das Eigentum zu schützen. Das sind die Vorboten des Kapitalismus. Es ist eine Weiterentwicklung des Feudalsystems mit Leibeigenen.

In kapitalistischer Wirtschaftsform sind Produktionsmittel wie Maschinen, Gebäude und Steuerung des Wirtschaftsgeschehens über den Markt in Privatbesitz.

Im Kapitalismus wird die Preisbildung über Angebot und Nachfrage auf dem freien Markt gehandelt. Grundlage hierfür ist die privatwirtschaftliche Produktion. Nach dem Krieg hat man zur Minderung der sozialen Härte und zur Sicherung des freien Wettbewerbs die **soziale Marktwirtschaft** eingeführt. Dabei greift der Staat als Regulator in den Markt ein.

Durch die Globalisierung der Märkte war es den Kapitaleigentümern, den Banken und den Konzernen möglich gewesen, den Markt nach ihrer Vorstellung, neu zu eigenem Vorteil umzubauen. Die Politiker haben diese Herausforderung zu spät erkannt und nicht entsprechend reagiert.

Heute wird die Wirtschaft von verschiedenen **„Wirtschaftskapitänen“** gelenkt, wie Industrieverbänden, Rat der Weisen, Börsianern, Bankern und zum Teil auch Politikern sowie verschiedenen Lobbyisten-Cliquen.

Karl Marx 1818-1883 n. Chr.

In der kapitalistischen Gesellschaft um 1850 war die Arbeit so brutal organisiert gewesen, dass ein Arbeiter in Wirklichkeit für die Gesellschaft Sklavenarbeit, wie ein Leibeigener, in kalten Fabrikhallen unter Minimalbezahlung verrichten musste.

Der Arbeiter hatte einen vierzehnstündigen Arbeitstag. Auch Kinder und Frauen mussten dazu verdienen. Viele Frauen haben sich prostituiert, um überleben zu können. Die Arbeit machte die Menschen zu Tieren. So hat Marx damals die Zustände auf dem englischen Markt erlebt.

Marx hatte mit Friedrich Engels die damaligen Arbeitsbedingungen analysiert und 1848 in London das berühmte „Kommunistische Manifest" veröffentlicht. Es hatte nur 20 Seiten und der erste Satz lautete:

„Ein Gespenst geht um in Europa – das Gespenst des Kommunismus."

In seiner Philosophie unterscheidet Marx zwei Menschenklassen:

- die herrschende Klasse,
- die unterdrückte Klasse.

Diese zwei Klassen stehen sich gegenüber im offenen Kampf. **„Wer keine Arbeit hat, hängt in der Luft."**

Marx betonte, dass nur eine Revolution die Gesellschaft ändern kann. An seinem Lebenswerk **„Das Kapital"** arbeitete er 20 Jahre lang. Für die Kommunisten ist es eine Art Bibel geworden. Lenin, Mao Tse-tung und Stalin haben seine Philosophie verfremdet und für eigene Ziele missbraucht. Es mündete in den Aufruf:

„Proletarier aller Länder, vereinigt euch!"

Dieser Kampf ist in Europa und der Sowjetunion nach fast 50 Jahren gescheitert, weil die Kommunisten sich als besserwissende Diktatoren aufgeführt haben. Bei diesem kulturellen Niedergang haben viele Menschen ihr Leben verloren. Die sozialistische Wirtschaft ist dabei total zusammengebrochen. Hierzu fällt mir ein bekannter Spruch aus der kommunistisch-sozialistischen Zeit ein:

„Wo die Sozialisten hintreten, dort wächst kein Gras mehr."

Im Endeffekt hat der Kommunismus und Sozialismus doch zu einem Umdenken in unserer Gesellschaft geführt und zu mehr sozialer Gerechtigkeit animiert.

Blick auf die Gegenwart

Auf der Suche nach Wahrheit enthüllen uns die Philosophen in Bezug auf eine gerechte Gestaltung unserer Gesellschaft die natürlichen materiellen sowie immateriellen Bedürfnisse des Menschen.

Ich kann hier keine detaillierten Vorschläge für eine neue Gesellschaftsordnung entwerfen. Ich kann nur auf Unstimmigkeiten in unserer Gesellschaft hinweisen sowie Lösungen andenken, die mir mein Gerechtigkeitssinn offenbart.

Der technologische Fortschritt in der gegenwärtigen Massenproduktion wird Veränderungen in unserem jetzigen Gesellschaftssystem erzwingen. Die zurzeit fortschreitende **Effizienz**, die Wirtschaftlichkeit in der automatisierten Produktion, steigt stetig. Viele der gegenwärtigen Firmen produzieren mit minimalem Arbeitsaufwand die verschiedensten Erzeugnisse.

Schon 1995 habe ich in den Produktionshallen einiger großen Firmen keine arbeitenden Menschen mehr gesehen. Lediglich ein paar Ingenieure, die erst zum Einsatz kommen, wenn eine Störung an den Automaten auftritt. Diese automatisierte Technologie ist ein Hinweis darauf, wie notwendig Veränderungen in unserer Gesellschaft sind und in naher Zukunft erst werden.

Es darf nicht sein, dass aufgrund effizienter Technologien die Produktpreise auf dem Markt nicht fallen. Es darf nicht sein, dass der erzielte Mehrwert voll in die Taschen von gierigen Managern und Firmenbesitzern fließt. Die Regeln der Marktwirtschaft sind hier gänzlich außer Kraft gesetzt. Das ist auch der Grund, weshalb manche Firmenbesitzer sich in die Anonymität zurückziehen. Der globale Markt bietet hierzu eine ideale Gelegenheit. Unternehmerische Freiheit muss künftig in eine solidarische Gesellschaft eingebunden werden.

Sicherlich muss eine außergewöhnliche Leistung außergewöhnlich belohnt werden. Eine Gleichheitsgesellschaft wird es nie geben können, dazu sind wir Menschen zu unterschiedlich. Hohe Einnahmen der „Eliten" werden von der Allgemeinheit nur dann akzeptiert, wenn die Einnahmehöhe eine allgemeine Zustimmung findet. Hierzu könnten beispielsweise Leistungsfaktoren bzw. Indexwerte für diverse Dienste von Psychologen über Arbeitsstudien ermittelt werden. Wenn dieser unterbewusste ethische Grenzfaktor überschritten wird, wirken übertriebene Einnahmen auf den menschlichen Geist entwürdigend. Der Mensch fühlt sich hierdurch minderwertig und entwertet. Das kann nur zu sozialen Unruhen und zur Spaltung unserer Gesellschaft führen.

Frühkapitalistische Zustände dürfen wir heute nicht mehr dulden. Leider macht die heutige Ökonomie die Reichen immer noch reicher und die allgemeine Armut nimmt überproportional zu. Mein Gerechtigkeitssinn und mein Verstand sagen mir, dass alle Menschen ein Recht auf einem Standardreichtum in unserer wohlhabenden Gesellschaft haben. Keiner darf ausgeschlossen werden.

Was erlebt ein Dauer-Arbeitsloser in unserer Gesellschaft:

- Er ist nicht mehr Teil der Gesellschaft.
- Er ist nicht am Bruttosozialprodukt beteiligt.
- Er fühlt sich wie ein ausgestoßener, minderwertiger Mensch.

- Die Armut erfasst seine ganze Familie.
- Er degeneriert zwangsläufig zum Sozialfall.
- Er ist von staatlichen Almosen abhängig.
- Um leben zu können, wird er zu einer Art Bettler.
- Sein ganzes Vermögen wird erfasst und kontrolliert.
- Er wird ein gläserner Mensch.
- Er wird einer unwürdigen und unsachlichen Kritik ausgesetzt.
- Er ist kreditunwürdig.
- Sein Lebensweg wird von diversen Beamten bestimmt und überwacht usw.

Ein Arbeitsloser darf nicht mit einigen wenigen Arbeitsverweigerern gleichgestellt werden. Unsere Gesellschaft muss für dieses Problem andere Lösungen suchen und finden.

Was erlebt ein Arbeitsplatzinhaber in unserer Gesellschaft:

- Er genießt auf jeden Fall Anerkennung.
- Er ist ein würdiger Bürger.
- Er kann sich und seine Familie selbst versorgen.
- Der Lebensstandard wird von seiner Einnahmenhöhe bestimmt.
- Er ist auch von Arbeitslosigkeit bedroht.

Die Eliten

Das sind verantwortungsvolle Menschen, die das Sagen auf allen Gebieten in unserer Gesellschaft und Wirtschaft haben. Es sind Menschen, die sich durch Studium ein Wissen und entsprechende Kenntnisse angeeignet haben. Ihr Platz ist daher mit Recht im Vordergrund unserer Gesellschaft.

Die Cleveren

In dieser Gesellschaftsklasse tummeln sich viele, die sich als die besseren Menschen fühlen und für sich Sondervorteile beanspruchen. Oft erlebte ich, dass Erfolge der „cleveren und talentierteren“ Mitbürger das Ergebnis von Insiderwissen, diverser Tricks im Handel oder unkorrekter Kalkulationen waren. Man lässt sich beraten, wie man Gesetze umgeht, um Steuern zu sparen, Steuern zu hinterziehen, oder wie man erfolgreich spekuliert.

Geld mit Spekulationen zu verdienen, ist legal. Die jetzige Börsenregulierung legitimiert diese Spielpraktiken. Die Börse wurde auch für den kleinen Anleger geöffnet. Diesen Leuten fehlen meistens die Kontakte, um an gewinnbringende Informationen zu gelangen. Sie sind die häufigsten Verlierer in diesem Bereich.

Ohne Arbeit Geld zu verdienen, das sind leider die Zerwürfnisse unserer Zeit. Clever zu tricksen und zu kombinieren, das ist das Werkzeug mancher Manager. Mehr Wissen steckt nicht dahinter. Ich habe Manager getroffen, deren einzige Sorge ihr eigenes Einkommen war, das Wohl der Firma kam erst an der zweiten oder dritten Stelle.

Diese viel zitierten außergewöhnlichen geistigen Fähigkeiten kann man lernen. Es gibt Managerschulen für jedermann, der die entsprechenden Mittel besitzt. Hier wird das notwendige Wissen vermittelt. Einige Firmeninhaber gehen in die Anonymität und beauftragen Vertragsmanager mit der Firmenleitung. Sie verdienen das Geld nicht mehr, sie bedienen sich an dem, was andere erwirtschaftet haben.

Anspruchsdenken in Bezug auf Eigentum neigt sich dem Ende entgegen. Angesagt ist eine Beteiligungsgesellschaft. Diese Veränderungen werden sich empirisch über die Zeit durchsetzen. Ein neues Bürgertum wird erwachen. Echte Leistungen anstatt

spekulativer Gewinne werden Erfolg und Anerkennung in einer solidarischen Gesellschaft finden.

Seit Jahrhunderten wollten die Menschen immer nur eines: die böse Wirklichkeit, das unermessliche Daseinsleid abzuschütteln. Sie wollten sich aus der Ungleichheit, Unfreiheit, aus feudalen Privilegien und von unbegreiflicher Herrschaft befreien. Sie konnten sich nicht durchsetzen, weil es ihnen an Wissen fehlte.

Die Automatisierung in der heutigen Produktion wird den Menschen **vom Arbeiter zum Denker** erheben. Wie damals vor 2500 Jahren zu Platons Zeiten, diesmal jedoch ohne Einsatz von menschlichen Sklaven, die den Sklavenaufsehern ausgeliefert waren.

Die Organisatoren und die Politiker unserer Gesellschaft sollten verpflichtet werden, jedem Individuum Chancengleichheit in Beruf und Gesellschaft zu ermöglichen. Wer anders sonst soll denn das machen?

Im Vergleich vor fünfzig Jahren ist die Effizienz in der Produktion um das Zwanzigfache gestiegen. Die Leichtigkeit, mit der in unserer Zeit manche Produkte maschinell hergestellt werden, ist der eigentliche Grund für den massiven Abbau von Arbeitsplätzen. Entwicklungsländer, aber auch China, gleichen diesen Zustand mit extrem niedrigen Löhnen aus. Die einfachen Menschen werden dadurch weltweit brutal ausgebeutet.

Ein allgemein kollektives schlechtes Gewissen, das als Regulator wirken sollte, ist leider nicht zu erkennen. Die Politiker und die Wirtschaftsakteure glauben immer noch an eine Vollbeschäftigung. Ich vermute vielmehr, dass sich die Zahl der Arbeitslosen aufgrund von Überproduktion weiterhin vermehren wird. Wenn unsere demokratische Gesellschaft und die vom Volk gewählten Politiker für die Zukunft keine Änderungen anstreben wollen oder können, werden dies eines Tages die Bürger selbst in die Hand nehmen. Die ersten Vorboten dieses Gedankens artikulieren und organisieren sich bereits.

Wir beklagen einen Mangel an Arbeitsplätzen, einen Mangel an Aufträgen. Wir können diese Mängel in **Segen** umwandeln, um mehr Zeit für geistige Arbeit zu gewinnen und anspruchsvollere Ziele verfolgen zu können. Hier einige Maßnahmen, die man schon heute anstreben könnte:

1. **Menschenwürdiges Lebensminimum in Geldbetrag bestimmen.** Hier muss etwas mehr als nur Nahrung und Kleidung berücksichtigt werden.
2. **Menschliche Leistung bewertungsfähig formulieren.** Sowohl physische, geistige als auch kulturelle Leistungen müssen messbar gestaltet werden, um gerechte Einnahmen ermitteln zu können.

   Die Leistungen des arbeitenden Menschen wurden schon immer studiert und mit Stoppuhr auf eine hundertstel Minute gemessen. Daraus ist die Arbeitsstudien-Wissenschaft **REFA** entstanden. Gemessen wurden:

- Anwesenheit über Stechuhr.
- Leistung über Stoppuhr.
- Aus Tariflohn und Leistung wurde der Monatslohn ausgehandelt und berechnet.

   Über **Workfaktor Systeme** kann sogar die Anzahl der Bewegungen am Arbeitsplatz vorbestimmt werden. Erholungszeiten wurden hier mit 10% Verteilzeit reguliert.
   Warum solche Effizienz-Kontrollmaßnahmen nur auf der Ebene des einfachen Menschen? Ich weiß es – hier entstehen nämlich brauchbare Güter, hier können durch Manipulation Gewinne erzielt werden.

3. **Überproportional hohe Einnahmen abstellen.**

Bewertung nur über Leistungsmerkmale bestimmen. Bereicherung ohne Leistung darf nicht vorkommen. Personen, die Einnahmen in Millionenhöhe beziehen, oder sogar in Milliardenhöhe, begründen dies mit besonderen Talenten und Kenntnissen. Diese Fähigkeiten begründen keine Jahresgehälter von zehn Millionen. Hier geht es um das 7 000 bis 10 000-Fache eines Durchschnittsgehaltes. **Solche Einkommen sind durch persönlichen Fleiß oder Arbeit nicht erzielbar.**

Es ist nicht verwerflich, wenn es einem gut geht. Menschliche Leistung aber so maßlos zu überbewerten, ist eine Beleidigung aller Menschen.

An dieser Stelle überlege ich, ob unsere Art, der Homo Sapiens, als Vertreter der Gattung Mensch für eine fortschrittliche Gesellschaft die notwendigen geistigen und ethischen Eigenschaften jemals besessen hat und besitzen wird. Ich kann und will nicht glauben, dass es immer so weiter gehen soll. Meine Hoffnung sind die künftigen Generationen, die mit Verstand eine menschliche Weltordnung verwirklichen werden. Gegenwärtig haben viele Menschen aus selbstsüchtigem Interesse noch kein Verständnis für solche oder ähnliche Ideale.

Karl Marx benutzte das Wort **„Arbeiterklasse"**. Für mich war das Wort zwischen 1948 bis1968 nur eine Floskel. Die Einzigen, die die Arbeiterklasse nämlich gebraucht haben, waren die Kommunisten und das ganze sozialistische Regime. Ohne Arbeiterklasse keine Daseinsberechtigung. Meine innere Einstellung akzeptiert sowieso nur eine klassenlose solidarische Gesellschaft, daher ist mir jegliches Statusdenken fremd.

Jeder Mensch verrichtet nach seinen Fähigkeiten und seinem biologischen Rhythmus irgendeine Arbeit. Jede Tätigkeit ist für die Gemeinschaft wertvoll. Die Wörter „Arbeiterklasse" und „Genosse" stören daher mein Weltbild enorm. Aus der globalen Sicht sind wir Menschen, und nicht jeder ist mein Genosse. Dieses Wort haben Kommunisten als allgemeine Anrede über zwanzig Jahre lang gebraucht. Wenn einer das Wort nicht benutzte oder nicht benutzen wollte, wurde er schnell als Klassenfeind verdächtigt. Ich wehre mich dagegen, für Jedermann sein Genosse zu sein. Die leidvolle Arbeiterklasse ist für mich sowieso schon lange passé. Ich will nur aktive, nette und freundliche Menschen um mich herum sehen, die auf Augenhöhe miteinander kommunizieren.

Wörter sind Sachen

Sie können den Menschen tief verletzen. Mit Wörtern wird auch Macht ausgeübt. Gegenwärtig sind für mich nicht nur zwei unliebsame Wörter vorhanden, sondern eine ganze Kaskade bietet sich an:

- Arbeitslose
- Langzeitarbeitslose
- Kurzarbeiter
- Eineurojob
- Sozialempfänger
- Sozialbetrüger
- Hartz IV-Empfänger
- Unterschicht
- Mietnomaden
- Gemeinnützige Jobs
- Qualifizierungsmaßnahme usw.

Hinter jedem dieser Wortinhalte verstecken sich menschliche Schicksale. Unser Staat, die Politiker, suchen nach einem Ausweg aus der gegenwärtigen Krise. Wir leben in einem reichen Staat, der einmalig auf der Welt fast 50% aus dem Bundeshaushalt an Sozialausgaben verteilt. Das klingt eigentlich sehr positiv, aber ist das gerade nicht ungerecht? Der Reichtum ist groß, aber ungerecht verteilt. Es stellt sich die Frage: „Wie sollen wir uns organisieren, damit Leistung und Reichtum in Einklang gebracht werden können?“

Politiker haben es nicht leicht. Ihr persönlicher Einsatz ist groß, aber Lobbyisten und Konzerne mit ihrer Monopoldenkart sind nicht so leicht zu bändigen.

Ich möchte hier eine Vision aufzeichnen, die auf die uralten menschlichen Bedürfnisse reagiert und zu der mich die drei großen Philosophen der Antike animiert haben.

Demnach stehen dem Menschen seitens der Gemeinschaft folgende Rechte zu:

- **Das Recht auf einen festen Platz in der Gemeinschaft**
- **Das Recht auf Beteiligung am Wirtschaftserfolg**
- **Das Recht auf Bildung**
- **Das Recht auf Wohnung**
- **Das Recht auf Energie**
- **Das Recht auf Nahrung**
- **Das Recht auf Kleidung**
- **Das Recht auf ärztliche Versorgung**
- **Das Recht auf freie Meinungsäußerung**
- **Das Recht auf Religionsfreiheit**
- **Das Recht auf Leben**
- **Das Recht auf Glück.**

Diese Rechte verwirklichen sich heute nur für finanziell unabhängige Bevölkerungsschichten.

Bei Verwirklichung dieser Vision müssten die Grundbedürfnisse wie Energie, Nahrung Kleidung usw. vollautomatisch hergestellt werden, damit diese Versorgungsprodukte von allen Menschen günstig genutzt werden können. Wir brauchen vollautomatisierte Produktionsstätten, die einem reinen **Versorgungsziel dienen**.

Produkte zur Deckung der Grundbedürfnisse der Allgemeinheit benötigen keinen Profit, keine Steuer und auch keine Marktwirtschaft. Durch die materielle Unabhängigkeit wird die Menschheit anspruchsvollere Ziele verwirklichen können.

Gegenwärtig wird diese Vision als naiv und nicht durchführbar abgetan, weil noch ungelöste Probleme wie Beseitigung von Hunger und Armut, Beseitigung von Diktaturen und Religionsfanatismus sowie Einstellung von Kriegen nicht gelöst wurden.

Ich versuche mir folgende Fragen zu beantworten, warum ist unsere jetzige demokratische, vermögende Gesellschaft zu menschlichen Individuen plötzlich so ungerecht? Wieso stürzen Menschen unverschuldet in eine so genannte „Unterschicht" ab? Wo versinken die vielen Milliarden des erwirtschafteten Geldes? Es ist nicht zu übersehen: der soziale Frieden ist weltweit gestört. Neue Produktionstechnologien machen Reiche immer reicher. Die Börsen spekulieren mit Luftblasen, die zum Ziel haben, Dividenden ohne eine reale Leistung zu ergattern. Ich frage mich, brauchen die **DAX Unternehmen und Konzerne** überhaupt das Geld der Börsianer? Ist dies nicht auf immer und ewig ein undurchsichtig angelegter Schwindel von einigen wenigen?

Auf diese Art werden die Preise nie sinken können, weil Überschüsse, die Dank effizienterer Produktionsverfahren erwirtschaftet wurden, für immer in die Taschen der Kapitaleigner, ohne Rücksicht auf die Allgemeinheit, fließen werden.

Die bewährte Marktwirtschaft reguliert die Preise auf dem jetzigen Markt schon lange nicht mehr. Die Preisabsprachen der Konzerne untereinander sind für das Kartellamt unkontrollierbar geworden. Die Allgemeinheit ist den Privateigentümern ausgeliefert. Die Gestalter unserer Gesellschaft, die Politiker, haben hier nur begrenzte Befugnisse. Unsere Gesellschaft wird zunehmend eine Klassengesellschaft, weil sie nur einigen wenigen dient und systematisch andere ausgrenzt.

Im Jahr 2010 hatte der amerikanische Regisseur Oliver Stone bei den Filmfestspielen in Cannes den Film **„Wall Street 2"** vorgeführt. Die Botschaft des Filmes ist die Perversität des Geldmarktes. Er sagte: **„Ich klage die Geldmafia an. Alles Geld ist pervers. Menschen, die so reich werden, sind Verbrecher."** (in den Hauptrollen spielen Michael Douglas und Shia LaBeouf).

Produkte nur für Superreiche

Eine neue gerechtere Gesellschaft wird die gegenwärtige Produktpalette neu überdenken müssen. Produkte für Superreiche, wie Boote für mehrere Millionen, werden nur als Gemeingut existieren können. Muss ich diesem Verlust von Superprodukten nachtrauern?

Die Folgen dieser Anpassung werden schmerzlich sein. Menschliche Bedürfnisse werden aber nur Brauchbares und Nützliches zulassen. Unbrauchbarem werden Grenzen gesetzt.

Kapitel 6

Diktat der Religionen

Abb. 9: Flammarion. Der Wanderer am Weltenrand. Quelle: https://commons.wikimedia.org/wiki/File:Flammarion.jpg (Gemeinfrei)

Religionen als Gestalter der Ethik und der Macht

Nach meiner hypothetischen Meinung war das gemeinschaftliche Zusammenleben der Menschen in den vergangenen Jahrtausenden hauptsächlich von verschiedenen Religionsgründern, selbsternannten Propheten und Heilbringern geprägt. Zur Zeit des Römischen Reiches gab es erstaunlich viele Propheten-Kandidaten.

Jeder Mensch hat ein inneres geistliches Leben. Diese spirituelle Seele, das Gewissen, der Sinn für Gerechtigkeit, die Ahnung über etwas noch Höheres, das alles gibt dem Menschen inneren Halt und Hoffnung für die Zukunft. Ohne Hoffnung bleibt nur noch Verzweiflung. Wenn wir Menschen ehrlich und realistisch nachdenken, müssen wir zugeben, **Gott in Person bleibt verborgen,** er offenbart sich dem Menschen nicht. Daraus resultiert: die Hoffnung erfüllt sich durch den Glauben, und Glaube ist ein innerer spiritueller Zustand.

Wenn ich sage **„ich glaube“,** egal an was, ist es mit **„ich weiß es nicht genau“** gleichzusetzen, weil ich mit meinen Sinnen nur eine begrenzte Realität erfahren kann. Religionen sind schon immer in den menschlichen Gemeinschaften für Ordnung, Ethik und für Verhaltensregeln zuständig gewesen. Der noch unwissende Mensch hat **Führung gebraucht**. Mit **„Göttlichen Offenbarungen“** haben Religionsgründer ihre persönliche Macht begründet. Sie verfolgten dabei folgende Ziele:

1. **Sie diktierten Weisungen für das Leben.**
2. **Sie funktionierten als Machtstabilisator für Herrschaftssysteme.**
3. **Sie wollten selbst herrschen.**

Die Heilsbringer oder Propheten berufen sich immer auf Gott oder die Götter. Sie behaupten, dass ihnen Gotteswort und Gotteswille direkt oder durch einen Engel offenbart wurde. Die Dogmen sind fast immer nach dem gleichen Schema aufgebaut:

- **Aufbau und Gestaltung der Glaubensrichtung.**
- **Bestimmung der Verhaltensregeln und Gestaltung der Lebensabläufe.**
- **Bestimmung, was gut und was böse ist.**
- **Aufstellung von Geboten und Verboten.**
- **Bestimmung der Gebete in Form und Zahl.**
- **Auferlegung von Glaubenspflichten.**
- **Bestimmung der materiellen Abgaben.**
- **Gottesstrafe bei Nichteinhaltung der Offenbarungen und Lehren.**

Es ist erstaunlich, wie es noch heute im 21. Jahrhundert möglich ist, dass religiöse Führer dem einfachen Volk alles vorschreiben können und jede so genannte „Gotteslästerung“ bestrafen dürfen.

Es wird gesteinigt, bei Diebstahl werden Hände operativ abgetrennt und das alles sogar durch einen studierten Arzt. Heilige Kriege werden weltweit ausgerufen und die internationale Staatengemeinschaft sieht ohnmächtig zu. Das sind untragbare Religionsfreiheiten, eine falsche Einstellung von Mensch zu Mensch. Fundamentaler Fanatismus darf nicht toleriert werden. Die Religionen werden künftig Toleranz üben müssen, sonst wird sie das Leben und die Bewusstwerdung der Menschheit bestrafen.

Die wahren Gotteslästerer und Frevler sind nicht die einfachen Gläubigen, sondern ihre Religionsverwalter und Prediger. Sie verurteilen Menschen nach eigenen streng vorgeschriebenen Dogmen, mit dem Ziel, die Gläubigen geistig zu verängstigen und zu beherrschen. Sie verfolgen selbstsüchtige Ziele zu eigenem Vorteil.

Trotz aller berechtigten Einwände sollte man gegenüber religiös geprägten Einzelpersonen, egal um welchen Glauben es sich handelt, Respekt, Umsicht und Toleranz aufbringen. Wichtig ist nicht die Religionsrichtung, sondern **allein der tiefgründige momentane persönliche Glaube**. Für die Taten, die aus diesem Glauben resultieren, ist jeder sich selbst und gegenüber allen Menschen verantwortlich. Unrecht bleibt Unrecht, auch dann, wenn es Bestandteil eines religiösen Dogmas ist. Auch hohe Zahlen von Glaubensbekennern rechtfertigen Unrecht oder Gewalt nicht. Warum lieben Götter nur ihre eigenen Anbeter? Warum soll die Menschheit erlöst werden? Von was?

Aus persönlichem Anlass befasse ich mich mit den großen Religionen. Meine Absicht ist festzustellen, welche Offenbarung man in eine gut funktionierende Gesellschaft übernehmen könnte. Leider wurde ich in dieser Richtung sehr enttäuscht. Uralte religiöse Ereignisse, deren historische Beweise oft sehr zweifelhaft sind, werden noch in unserer Zeit glorifiziert.

- Hinduismus – Diskriminierendes Kastenwesen.
- Buddhismus – Seelenwanderung, Nirwana
- Judentum – Erstarrte Rituale, uralte Verhaltensmuster, von Gott bevorzugtes Volk.
- Islam – Männerherrschaft, theokratisches Staatensystem, überhebliche Dogmen, Gott liebt nur Muslime.
- Christentum – Christus wurde ausgesandt, verkündet Nächstenliebe und eine Vernunftreligion, Christus‘ Bergpredigt beinhaltet einige akzeptierbare Thesen. Seine Philosophie erweitert das Alte Testament vom auserwählten Volk zum „Neuen Bund“ des Neuen Testaments und verkündet eine Befreiung aus dem gesetzestreuen Judentum. Die neue Lehre von Jesus Christus basiert auf tiefer Menschlichkeit und Nächstenliebe. Die Lehre ist einzigartig auf der ganzen Welt. Sie will Wissen, Weisheit, Kraft und Zuversicht allen vermitteln, die suchen.

Die katholische Kirche hat sich in den letzten hundert Jahren gewaltig reformiert, was bis jetzt nur Wenigen bewusst geworden ist.

Eine menschliche Gesellschaft kann nur auf freiheitlichen Prinzipien funktionieren. Eine theokratische Verwaltung der Gesellschaft würde nur ein Diktat einer einzigen Religion zur Folge haben, wie zum Beispiel das Streben des fundamentalen Islams. Die Weltgemeinschaft wird noch viel zu tun haben, um veraltete Prinzipien aus Menschenleben zu verbannen.

Von den vielen religiösen Prinzipien halte ich die christliche Lehre für gut. Sie kann nur auf der Grundlage freiheitlicher Prinzipien funktionieren.

Die fünf großen Religionen rivalisieren untereinander. Jede glaubt im Besitz der absoluten Wahrheit zu sein.

Glaubwürdigkeit der Religionen

Beim Studium der Religionsschriften mit den zahlreichen Gottesverkündungen fällt auf, dass „Gott" jeder Religion andere Verhaltensregeln und moralische Gesetzgebungen verkündet hat. Die Widersprüchlichkeiten sind dermaßen groß, dass sie eine gegenseitige Akzeptanz unmöglich machen. Außerdem wird in den Gottesverkündungen über grauenhafte Geschichten, Kriege, Morde und Strafgerichte berichtet.

Den Religionen fehlt es zunehmend an Glaubwürdigkeit, und sie werden sich immer häufiger auf unbequeme Fragen der Menschheit einstellen müssen. Denn „Gott" hat den Menschen mit einen rationalen Verstand ausgestattet und der wird noch Wunder entstehen lassen.

Über Religionen kann man unendlich viel Gutes sagen, aber auch unendlich viel Schlechtes. An dieser Stelle will ich Abstand nehmen von einer Aufzählung all der Schlechtigkeiten aus dem Alten Testament, aus dem Mittelalter und insbesondere aus dem Koran.

Bei allen Religionen der Welt ist das Dilemma nicht Gott, sondern die Anmaßung des Menschen, Gott Eigenschaften zuzuordnen und vorzuschreiben, die er nicht besitzen kann.

Unsere menschliche Logik kann Gott nicht erfassen, sie kann Gott weder beweisen noch leugnen. Uns wurde die Freiheit gegeben, an Gott zu glauben, oder auch nicht zu glauben.

Das Göttliche, das Unfassbare, wird in vielen Lebenssituationen deutlich, wie z.B. der Liebe. **Liebe** ist undefinierbar, man kann sie nicht lernen. Liebe hat einen immateriellen Charakter, Liebe bedarf einer persönlichen Erfahrung, Liebe repräsentiert das Gute.

Bei einer Sonnenfinsternis sah ich, wie der Mond die Sonne verdeckt hat. Als die Korona erschien, klatschten alle Zuschauer fasziniert über das Ereignis. Menschen klatschen auch, wenn der Pilot mit seinem Flieger erfolgreich gelandet ist. Bei der Sonnenfinsternis ist es die Achtung gegenüber dem Wunder der göttlichen Schöpfung, oder angesichts der Präzision der Himmelsmechanik in unserem Sonnensystem. Es ist aber auch die Angst im Menschen und ein Respekt vor den geheimnisvollen Kräften auf unserer Seinsebene im kosmischen Raum.

Die Familie

Elterliche Liebe ist von der Natur auf **eigene** Kinder ausgerichtet. Daher ist eine eheliche Vereinigung zwischen Mann und Frau für Kinder der sicherste und natürlichste Lebensraum auf der Welt

Mann und Frau werden über Paarung von der Natur zum Vater und zur Mutter befähigt. Die Absicht, Kinder zu zeugen, vollzieht sich vorwiegend in einer ehelichen Verbindung, einer Familie. Die Institution Ehe garantiert einen geordneten, von der Natur vorgesehenen Fortbestand der Menschheit. Zwei Geschlechter sind das grundlegende Prinzip allen Lebens auf der Erde.

Die Natur hat für Erhalt des Lebens sexualen Genuss vorprogrammiert. Nur das Männliche und das Weibliche sind prädestiniert, Kinder zu zeugen. Lustliebe zwischen Mann und Frau begründet daher einen **sinnvollen und gewollten** Naturvorgang.

Diese sexuelle Partnerschaft ist auf reine Lustliebe ausgerichtet und begründet. Sie ist nicht schändlich oder schädlich, aber ein ehelicher Status von Gott, von der Natur oder von der Evolution wurde dafür nicht vorgesehen. Die zweifelhaften Diskussionen über dieses Thema erscheinen mir daher völlig unsinnig – verstehe es, wer es will.

Kapitel 7

Unsere Demokratie

Abb. 10: Gemälde Marie Kuhn – Menschen

Der Staat, das Machtzentrum

Die menschlichen Bedürfnisse sind von der Natur geprägt und nach einem uns unbekannten Plan vorbestimmt. Der Mensch als Individuum muss für sich einige lebensnotwendige Vorgänge im Alleingang selbst erledigen. Er muss selbst speisen, er muss sich selbst entleeren, er muss sich selbst waschen und kleiden. Nur er allein kann den Akt der Sexualität erleben und vieles mehr. Zuletzt stirbt er auch noch selbst. Keiner kann das für ihn ausführen, nur er allein.

Allein leben kann der Mensch nicht. Er braucht Gesellschaft, um leben zu können.

Die raue Natur auf der Erde verursacht viele lebensbedrohliche Situationen, wie dies zahlreiche Naturkatastrophen belegen. Daher sind wir Menschen auf gegenseitige Hilfe angewiesen. Hieraus resultieren unsere moralischen und sittlichen Regeln, die einen respektablen Umgang einfordern.

Unsere demokratisch verwaltete Gesellschaft hat über angeordnete Gesetzgebung detaillierte Rechte und Pflichten der Bürger festgelegt. Diese sind nicht immer an die Naturbedürfnisse des Menschen angeglichen. Meiner Meinung nach dürfen diese niemals als **„Gesetze"** deklariert werden. Zwischenmenschliche Beziehungen sollten eigentlich als **Regeln, Richtlinien oder Gebote** bezeichnet werden. Unter Gesetzen verstehe ich nur unabänderliche Naturvorgänge.

Die Justiz müsste dabei ihren göttlichen Schleier, das Überbleibsel aus den vergangenen Herrschaftssystemen, ablegen. Das betrifft auch die juristische Art sich zu artikulieren. Ich denke hier an die Alchemisten aus dem Mittelalter, die die chemischen Vorgänge in ihren Schriften verschlüsselt haben.

Jede Gesellschaft braucht zur Wahrung der Freiheit unbedingt eine Justiz, die die Gleichheit aller Bürger vor dem Rechtsstaat aufrecht erhält.

Ein Mensch, der die Regeln in der Gemeinschaft bricht, wird für die Gemeinschaft zum Problem und zur Belastung. Die Gesellschaft muss sich vor solchen uneinsichtigen Menschen schützen und diese aus der freiheitlichen Zone verbannen. Unser demokratischer Staat reguliert dies in unserem gegenwärtigen System bereits recht erfolgreich.

Aus meiner Tätigkeit im Bereich Sicherheitsprodukte habe ich feststellen müssen, dass es Menschen gibt, die für die Allgemeinheit extrem gefährlich sind.

Parlamentarische Demokratie

Seit Jahren beobachte ich Personen, die mir vor jeder Wahl von den politischen Parteien als Kandidaten präsentiert werden. Es gibt immer eine Situation **vor der Wahl** und eine **nach der Wahl**.

Vor der Wahl wird der politischen Gegner im Parlament angegriffen, er wird lächerlich gemacht. Er wird diverser Vergehen beschuldigt. Kostspielige Untersuchungsausschüsse mit zahlreichen Zeugen werden einberufen, um nachher festzustellen, dass es sich um nicht beweisbare Vorgänge handelt. Diese Umgangspraktiken werden damit begründet, dass es sich um ein demokratisches Ringen, um die beste Lösung zu finden, handelt

Manchmal habe ich den Eindruck, dass alles nur ein Spiel ist und die Kontrahenten sich nachher in einer geselligen Runde zuprosten.

Nach meinem Verständnis ist diese Vorgehensweise äußerst fragwürdig. Ich habe noch keinen Menschen getroffen, der diese Umgangspraktiken im Parlament befürwortet hätte. Ein Parlament zu finanzieren, in dem mehrheitlich unsachliche Streitereien stattfinden, ist auch für ein Achtzigmillionenvolk viel zu teuer.

Wenn in unserer Gesellschaft durch Abgeordnete politische Sachentscheidungen zu treffen sind, sollten Argumente und Gegenargumente in einer sachlichen Diskussion ausgelotet werden. So stellte ich mir die Arbeit im Parlament vor.

Die politischen Parteien und der Wähler

Die Art, wie die Parteien sich zu behaupten suchen, sind ein Problem. Sie stehen sich gegenseitig im Weg, weil es ihr oberstes Ziel ist, Führungspositionen zu ergattern.

Ziele der Parteien:

- Jede Partei präsentiert ihre eigene Ideologierichtung.
- Jede Partei strebt nach Macht.
- Jede Partei will eigene Inhalte verwirklichen.
- Jede Partei ist in ihrer Profilierung äußerst rechthaberisch.

Wo rekrutieren sich Parteimitglieder, woher kommen sie und warum?

- Sie sind Sympathisanten aus Privatgründen, oder aus ideologischer Überzeugung.
- Sie profilieren sich in den Ortsverbänden.
- Sie wollen in der Öffentlichkeit auftreten.

- Die Parteien bieten ihren Mitgliedern einen Karriereaufstieg an.
- Ein höherer Bildungsgrad oder ein akademischer Titel ist nicht erforderlich.
- Ein Eignungstest als Politiker wird nicht verlangt.
- Solidarität mit der Partei ist Pflicht.
- Konträre Ansichten werden mit Mitgliedschaftsverlust bestraft.

Ich stellte mir folgende Fragen:

Entscheidet der Wähler wirklich etwas? Welche politischen und gesellschaftlichen Kenntnisse hat der mündige Wähler? Bei Befragungen der Passanten auf der Straße wurde eine katastrophale Unwissenheit über politische Themen und Personen deutlich. In Bezug auf den mündigen Bürger habe ich so meine Zweifel.

Hier einige Erkenntnisse über Wähler:

- Ein großer Teil der Wähler wählt immer nur dieselbe politische Richtung, weil das eine Familientradition ist.
- Dem Wähler sind Charaktereigenschaften der Kandidaten nicht bekannt.
- Der Wähler kann die geistigen und sachlichen Fähigkeiten der Spitzenpolitiker nicht erkennen.
- Die Parteiprogramme sind unklar definiert und werden oft missverstanden.
- Wähler, die von ihrer favorisierten Partei verärgert wurden, gehen oft nicht wählen.
- Ein Teil der Wähler geht nicht zur Wahl wegen zu gutem oder zu schlechtem Wetter, wegen Krankheit, oder wegen momentaner Unlust.

Wenn ich mir dieser Detailsituationen, Abhängigkeiten und Manipulationen des Wählers bewusst werde, kommen bei mir Zweifel auf. Ist das auf demokratischem Weg zustande gekommene Wahlergebnis das, was die wahre Mehrheit eigentlich wollte?

Schon lange überlege ich, ob zur Erhaltung unserer Lebensqualität und unserer freiheitlich-demokratischen Ordnung überhaupt politische Parteien notwendig sind.

Sind Parteien in unserer Demokratie und mit unserem Grundgesetz eigentlich nicht überflüssig?

Besitzen die gewählten Politiker entsprechende sachliche, geistige und moralische Eigenschaften? Sind sie für diese verantwortungsvolle Aufgabe kompetent genug?

Deutschland hat eigentlich respektable gesellschaftliche Regeln. Diese müssen nur mutig eingefordert werden. Wir brauchen keine Politiker, die einer bestimmten Ideologierichtung verpflichtet sind. Wir brauchen einen Lebensstil im Sinne der Gerechtigkeit und Vernunft. Diese Gerechtigkeit offenbart sich von selbst. Als Beispiel: in einer intakten Familie garantieren Liebe, Verständnis und Vernunft ein glückliches Leben.

Gewerkschaften

Mein Verhältnis zu den Gewerkschaften war schon immer angespannt, was auf meine Erfahrungen in Tschechien zurückzuführen ist. Auch im Westen habe ich kein Interesse an einer Mitgliedschaft verspürt. Für mich sind Aktivitäten der Gewerkschaft veraltet und unmodern. Die öffentlichen und oft wiederholten Streiks haben zum Ziel, Tariflöhne unter Protestkundgebungen mit Arbeitgebern auszuhandeln oder mit Besetzung der bestreikten Betriebe demonstrativ der Öffentlichkeit vorzuführen. Der entstandene volkswirtschaftliche Schaden aus diesen Streiks steht hier in keinem Verhältnis zu den erzielten Ergebnissen, außer ein paar Prozentpunkte und Arbeitszeitverkürzung, nichts Honoriges.

Die Protestaktionen auf der Straße gegen Konzerne oder Superreiche ist auch nur reine Makulatur.

Projekt Zukunft

Die Gewerkschaften als Erben der Kämpfer für Gerechtigkeit sollten heute modernere Ziele für eine glückliche Zukunft entwerfen. Beispielsweise Gerechtigkeit und **Lebensqualität für alle**. Sie müssten Lösungen zur Diskussion anbieten. Nicht nur fordern, sondern mitgestalten. Sie müssten dafür sorgen, dass Menschen in den Betrieben Anteile erwerben können und ein echtes Mitspracherecht erhalten. Demonstrationen zu organisieren, gehört der Vergangenheit an. Die Gewerkschaften haben die Chance, sich am Projekt zukunftsfähige Gestaltung einer gerechten Gesellschaft maßgebend zu engagieren.

Manche Menschen zeigen immer nur auf die Erfolge, die bis zu unserer Zeit erzielt wurden. Diese Einwände kommen meistens von gut situierten Bürgern, und ich gebe ihnen Recht. Im Vergleich zur Nachkriegszeit ist gesellschaftlich und materiell ein enormer Fortschritt zustande gekommen. Jeder Vergleich hierzu fällt aber falsch aus, weil die damaligen Rahmenbedingungen und Möglichkeiten andere waren als heute.

Aus meiner Sicht fordere ich: weg von vergleichenden Blicken in die Vergangenheit! Wir leben im **Jetzt**, und über die Zukunft muss auch schon **jetzt** nachgedacht werden. Wir müssen nach vorne schauen. Technische Innovationen und vollautomatisierte Produktionen können die Menschen mit allen lebensnotwendigen Produkten schon heute zu extrem günstigen Preisen versorgen.

Für den Abnehmer „Mensch" benötigt man kein Angebot und auch keine Nachfrage. Die elementaren Grundbedürfnisse sind jederzeit nachvollziehbar und seit über 2000 Jahren bekannt.

Die materiellen Mengen lassen sich einfach in Bezug auf den realen Bedarf berechnen. Die Produkte müssen brauchbare lebensnotwendige Gegenstände für alle zu nachvollziehbaren Preisen sein.

Diese Produkte bedürfen keiner Werbemaschinerie, sie müssen keine Gewinne an Eigner abführen. Die Herstellkosten aus dieser automatisierten Produktion setzen sich zusammen aus Rohstoffkosten, Instandhaltungskosten und maximalen Lohnkosten.

Wir brauchen eine neue solidarische Gesellschaft. Geld mit Geld verdienen funktioniert nur dann, wenn andere durch ihre Arbeit reale Werte erzeugen. Spekulationen oder imaginäre Bankgewinne verkörpern kein verdientes Geld. Bei diesem Vorgang entsteht nichts Brauchbares. Dieses Geld erhalten nur einige wenige Systembegünstigte für Nichtstun.

Das tägliche Leben

Unehrlichkeit beherrscht heute das öffentliche Leben. Verfassungsgericht, Gerichte und das Kartellamt müssen dort einschreiten, wo die Politik gerade versagt hat. Die bisher bewährte Marktwirtschaft ist als Regulator machtlos geworden.

Auf der Erde leben zurzeit ca. 7,2 Milliarden Menschen. Wir sind eine ca. 20% wohlhabende und ca. 80% verarmte Weltgemeinschaft. Demoskopen (Deutsche Stiftung Weltbevölkerung) haben ausgerechnet, dass im Jahr 2050 ca. 9,1 Milliarden Menschen auf unserem Planeten leben werden. Wenn sich gesellschaftlich und in der Population nichts verändert, wird die Zahl der Habenichtse dramatisch ansteigen. Die weltweite Armut, der Verlust an Selbstwert sowie die Hoffnungslosigkeit verursachen an vielen Orten der Erde schon heute bedrohliche politische Unruheherde. Die drohenden klimatischen Veränderungen werden diesen Prozess noch zusätzlich beschleunigen. Nur wer anders denkt, wird die Welt verändern.

Kapitel 8

Das Machtstreben unter den Menschen

Abb. 11: Ausschnitt einer ONE-Dollarnote, Quelle: Gemeinfrei, https://commons.wikimedia.org/w/index.php?curid=196450

Dominante Haltung

Menschen haben auf der individuellen Bewusstseinsstufe unterschiedliche Meinungen und Ansichten. Leider hat sich in unserer Gesellschaft eine geistige Gleichmacherei verbreitet, nach dem Motto „Was der kann, kann ich schon lange".

Die Fähigkeiten des Anderen werden oft aus Furcht wegen eigener persönlicher Wertminderung nicht entsprechend anerkannt. Die Minderung des Anderen verursacht somit eine unrealistische Glorifizierung eigener Fähigkeiten. Wir Menschen sind so geschaffen worden, dass jeder seinen eigenen Weg durch das Leben, den Weg des Lernens, gehen muss. Es ist ein ständiges Auf und Ab, mit dem wir konfrontiert werden. Auf der materiellen Ebene sind wir durch die menschlichen Bedürfnisse alle gleich. Daher sind wir auch reproduzierbar. Auf der geistigen Ebene sind wir dagegen unterschiedlich.

Die geistige Ungleichheit des Menschen ist für die zahlreichen zwischenmenschlichen Konflikte verantwortlich. Es ist das **Machtstreben** des Menschen, der sein Ego ohne Rücksicht durchsetzen will, sich nicht fügen will. An dieser dominanten Haltung scheitern die meisten Beziehungen von Mensch zu Mensch, ja sogar auch Ehen. Das Alphatier, das System der Unterwerfung ist bei den Tieren (z.B. Hunden, Wölfen, Schweinen) als instinktiver Verhaltensregulator der Macht bekannt.

Menschen streben aber nach Erleuchtung, nach Erkenntnis und nach höherem Bewusstsein. Wir dürfen die Verhaltensweisen aus dem Tierreich nicht nachahmen. Menschen müssen so organisiert sein, dass kein Mensch auf die Gnade des anderen angewiesen ist. Kein Mensch darf unter der Herrschaft eines anderen Menschen stehen.

Im Vergleich zum Tier hat der Mensch einen Verstand. Seine Charaktereigenschaften wie Liebe, Toleranz, Mitgefühl und Brüderlichkeit sind vernunftbegabte Gefühle, die auf persönliche Weisheit hindeuten. In diese Richtung entwickelte sich die Menschheit über Generationen oft in schmerzlichen Lernprozessen. Ich glaube, dass die Zukunft mehr Mitgefühl in zwischenmenschliche Beziehungen bringen wird.

Hierarchische Denkart

Hierarchische Denkweise verkörpert einen Machtanspruch, der von einer maßlosen Überheblichkeit begleitet wird. Durch die knappen Arbeitsangebote auf dem Markt bringt unsere Gesellschaft viele Menschen, deren Arbeitsplatz wegrationalisiert wurde, in eine prekäre gesellschaftliche Schieflage.

Die extremen Notzustände auf dem Arbeitsmarkt verursachen erpresserisches Lohndumping. Die ausbeuterische Spirale dreht sich immer schneller. Aus einem unverschuldet arbeitslos gewordenen Menschen kann im Laufe der Zeit ein Mensch werden, der sich nichts mehr zutraut. Das Selbstwertgefühl ganzer Familien inklusive der Kinder wird zerstört. Es ist eine Schande unserer gegenwärtigen Politik, dass sie nicht in der Lage ist, diese Missstände in unserer Gesellschaft gerecht zu managen. Es gibt zu viele schlagfertige Rhetoriker, jeder hat eine eigene Vorstellung davon, was Demokratie ist und wie sie gelebt werden soll. Manche präsentieren eine prahlende persönliche Überheblichkeit und ungerechte Kritik an den Verhaltensweisen der gesellschaftlich „Ausgegrenzten“. Unsere Gesellschaft muss so organisiert werden, **dass jeder sich selbst versorgen kann**. Ich muss das immer wiederholen.

Wortgefechte, wer arbeitswillig ist und wer nicht, sind nicht erstrebenswert. Streitereien über dieses Thema sind arrogant und dumm. Ein offener Geist wird niemals auf Konfrontationskurs gehen. Er wird immer eine Lösung anstreben In einer Demokratie muss der politische Wille der Mehrheit respektiert werden. Respektlosigkeit,

Intoleranz und Besserwisserei beherrschen leider die heutigen Szenen. Sind das vielleicht die wahren Gründe, warum einige Politiker vorzeitig ihre Führungspositionen aufgeben?

Von Mensch zu Mensch

Jeder Mensch wird von anderen Menschen permanent unbewusst kritisch bewertet und eingestuft. So entstehen über die „andere Person“ vorgefasste Bilder und Meinungen. Jede spätere Abweichung aus diesem Persönlichkeitsmuster verursacht Missstimmung. Manchmal werden sogar feindselige Gefühle geweckt. Die Erkenntnis hieraus: Je mehr Leute Einblick in deine Seele haben, desto größeren Schaden können sie dir zufügen. Die vertraulichen Kenntnisse über dich werden in einem passenden Augenblick zu deinem Nachteil ausgenutzt. Der Rat des Epikur (341 v. Chr.) lautet: **„Lebe im Verborgenen.“** Das Verhalten von Mensch zu Mensch ist nicht einfach.

Die Erkenntnis hieraus:

„Höre nicht auf Menschen, die dich herunterziehen wollen.“

Der Schaden, den man mit Worten Anderen zufügen kann, ist vorher nicht einschätzbar. Wörter sind Sachen, unüberlegte Formulierungen zeigen auf einen noch nicht ausgereiften Geist. Kompetenz im Sinne einer christlichen Philosophie zeigt den Grad der persönlichen Erkenntnis und Reife.

Die Privatwirtschaft

Es wird immer deutlicher, dass gesellschaftlich relevante Ressourcen nicht von privaten Unternehmen oder Gesellschaften verwaltet werden dürfen. Die Produkte wie zum Beispiel Energie, Kommunikation, Lebensmittel, Bahn, Flugverkehr, Krankenversicherung usw. sind existenziell notwendige Dienste und Leistungen. Sie sollen den Bedarf der Allgemeinheit in unserer Gesellschaft decken und sichern. Mein Vertrauen in diese Wirtschaftszweige schwindet immer mehr. Die Kalkulationen sind hier geheim, die Gehälter in dem oberen und mittleren Management sind irreal übertrieben und verursachen bei Menschen kritisch negative Gefühle.

Eine der hoch gepriesenen Argumentationen ist **„Wettbewerb sichern“**. Der umschwärmte einkaufende Mensch tut sich schwer damit herauszufinden, wo er für sein Geld das Meiste in optimaler Qualität erhalten kann. Dieser Wettbewerb beispielsweise bei Krankenkassen oder der Energiewirtschaft ist ein auf Abzocke angelegter überflüssiger Vorgang, ohne reale Begründung.

Marc Gordon (wichtige Lektüre für Börsianer) schreibt in seinem Buch *Millionär in 91 Tagen*, dass Gier nach Macht und Besitz den Menschen schon seit Urzeiten begleiten: **„Aktionäre sind dumm und frech. Dumm weil sie uns ihr Geld anvertrauen und frech, weil sie dafür auch noch Dividende haben wollen.“** Weiter schreibt er über Börse: **„Organisation ist die Wissenschaft, wie man mit organisatorischen Hilfsmitteln genügend Zeit gewinnt, um sich im Liegestuhl zu sonnen und in Ruhe die Zeitung zu lesen.“**

Sozialempfänger

Meine Gerechtigkeitsgefühle sind nicht von einer Stunde zur anderen entstanden. Sie sind in mir über Jahre gereift und ich habe gelernt, damit umzugehen. Die heutigen Behandlungsmethoden der Harz IV-Empfänger stört meinen Gerechtigkeitsinstinkt empfindlich. Erst entzieht man einem Menschen die Erwerbsmöglichkeit, und dann gibt man ihm eine scheinbar großzügige soziale Hilfe. Ist diese Hilfe gerecht? Meine Gefühle täuschen mich nicht:

- Bei den Worten **Sozialbedürftiger, Sozialempfänger** muss ich an einen Bettler denken.
- Bei dem Wort **Harz IV-Empfänger** muss ich an die vorprogrammierte Gabe denken.
- Bei dem Wort **Sozialausgleich** überlege ich, an was oder an wen soll sich die soziale Gabe angleichen?
- Das Wort **Stütze** assoziiere ich eher mit dem Wort Krücke.
- Das Wort **Sozialhilfe** signalisiert mir, dieser Mensch wurde ausrangiert.
- Unter dem Wort **„Solidargemeinschaft“** versteht jeder etwas Anderes.

Wenn ein Mensch in unserer Gemeinschaft sich und seine Kinder nicht mehr selbst versorgen kann, muss die Allgemeinheit für einen **vollständigen Ausgleich sorgen oder Abhilfe einleiten**. Die leidvollen Menschen dürfen nicht benachteiligt werden. Die Gemeinschaft muss hierfür pflichtbewusst aufkommen.

Die Verantwortung der Wähler

Wenn Wähler einer Partei ein Regierungsmandat erteilen, sind die Wähler für die Taten dieser Partei oder der entstandenen Koalition mitverantwortlich. Der Wähler muss sich bei der Abgabe seiner Stimme über seine Verantwortung bewusst werden. Eine demokratische Wahl entbindet ihn von seiner Verantwortung nicht. Bei den jetzigen parteipolitischen Praktiken ist es notwendig, sich vorher zu informieren, weil viel Ideologie ohne Bezug zur Realität propagiert wird. Ich denke mir, vielen aufrichtigen Politikern sind ungerechte Strategien bekannt. Es sind die Parteien, die sich nicht gebunden fühlen. Oft kommen sie in peinliche Situationen, für die sie eigentlich nicht verantwortlich sind. Die Meinungsfreiheit in den Parteien ist strapaziert, wie das die jüngsten Erfahrungen belegen.

Der Staat kann nicht wirtschaften?

Aus all den Verhaltensweisen von Mensch zu Mensch ist deutlich, die Bedürfnisse des Menschen, seine Ängste und Notlagen sind maßgebend für das angewandte Verhaltensmuster gegenüber anderen Menschen. In unserer europäischen Kultur ist es die **Nächstenliebe**, die als Ideal in unserer Tradition gilt. Im Gegensatz zum Alten Testament, wo von „Auge um Auge, Zahn um Zahn" die Rede ist, geht das Christentum weit über diese Grundforderung hinaus.

In der heutigen Krisenzeit und der unkontrollierten globalen Wirtschaft herrscht eine Abzockmentalität auf allen Gebieten des Daseins. Banken, Energieversorger, Konsumversorger usw. – jeder will schnell Vermögen machen. Manager leisten sich luxuriöse Gehälter mit Ansprüchen auf Sonderurlaub, Sonderprivilegien, Abfindungen und überhöhte Rentenansprüche.

Ich frage mich: Muss die Allgemeinheit sich mit Hilfe einer demokratischen Freiheit eine Firma heraussuchen, die am wenigsten abzockt? Ich glaube, hier missversteht der Staat als Organisator unserer Gemeinschaft seine Pflichten gewaltig. Private Wirtschaftsakteure behaupten, der Staat als Unternehmer kann nicht wirtschaften. Diese Behauptung ist nicht korrekt. Wenn staatliche Unternehmen unter einem erfahrenen Management geleitet werden und einer staatlichen Aufsicht unterstehen, ist das der gleiche Zustand wie in einem Konzern, **jedoch ohne Abzocke**.

Privatunternehmen werden in gleicher Weise wirtschaftlich geleitet. Sie unterscheiden sich lediglich in ihren Zielvorhaben. Sie müssen einen anonymen Gewinn für die Eigner oder Manager abwerfen.

Eine soziale oder gesellschaftliche Komponente ist hier zweitrangig, wenn überhaupt beabsichtigt.

Genug an Kritik

Mit meiner Kritik wollte ich auf einige Ungerechtigkeiten in unserer Gesellschaft aufmerksam machen. Wir erleben zurzeit einen technologischem Wandel. Die Menschheit muss Lösungen finden für die steigenden Arbeitslosenzahlen. Schon heute finden sogar viele hoch qualifizierte Menschen keinen Arbeitsplatz mehr. Durch den Kostendruck werden preiswertere Alternativen im Ausland gesucht.

Meine Vorstellung über eine ökonomische Zukunft lautet: Das Erdendasein für jeden Menschen erträglich zu machen.

Das Ziel muss lauten, neue Technologien in die Produktion einzuführen, so dass sich jeder nahezu kostenlos mit lebensnotwendigen Gütern versorgen kann, und dass das rücksichtslose Profitdenken nicht länger geduldet wird. In dieser Zukunft muss sich jeder gemäß seinen geistigen Fähigkeiten ein Wissen aneignen, um der Gemeinschaft dienen zu können. Trotz aller Kritik muss anerkannt werden: In unserer jetzigen, nach dem Krieg erschaffenen, freiheitlichen Gesellschaft lässt es sich eigentlich gut leben.

In diesem Buch will ich im Zusammenhang mit unserer Menschheitsgeschichte aufzeigen, dass in der nahen Zukunft der jetzige gute Zustand nicht mehr reichen wird. Der Mensch will immer höhere Ziele ansteuern und das ist gut so.

Kapitel 9

Die Vision

Abb. 12: Regenbogen, Foto: Kuhn

Das philosophische Projekt

Mein philosophisches Projekt stelle ich hier für jeden offenen und aufmerksamen Geist zum freien Nachdenken bereit. Das Ziel ist es, mögliche gesellschaftliche Gestaltungslösungen dem Leser zu offerieren. Jeder Gedanke, jede Vorstellung, die das Unrecht erkennt, trägt in sich die Kraft, dieses Unrecht zu bekämpfen.

Merkmale einer Gesellschaft

- Vernunftbegabte Spitzenpersönlichkeiten sollen die Lenker in der Gemeinschaft sein.
- Der Bürger sollte bei Entstehung von Entscheidungen unbedingt beteiligt sein.
- Die Mehrheit muss respektiert werden.

Die heutigen ideologisch geprägten Parteien mit bevormundenden und „eigenen" Inhalten sind ausgerichtet auf Stimmenfang, es geht um Macht und weniger um förderliche Vernunft für Lösungen in der Gemeinschaft. Die Art zu leben, entwickelt sich aus den materiellen, ethischen und seelischen Bedürfnissen. Detaillierte Merkmale über eine zukünftige Gesellschaftsordnung kann ich hier nicht ausarbeiten. Diese müssen sich aus einer evolutionären Notwendigkeit selbst empirisch entfalten und durchsetzen. Der Wandel in der Weltordnung hat schon begonnen. Er wird stark geprägt von technischen und wissenschaftlichen Erkenntnissen unserer Zeit

Die europäische Kultur erhalten

Unsere europäische Kultur ist über Jahrtausende gewachsen, sie ist in unserer Seele mit dem Christentum und dem Judentum fest verankert. Unsere europäische Gemeinschaft ist in Sachen Toleranz in der Gesellschaft und Religion äußerst großzügig. Diese Toleranz darf aber nicht einseitig sein. Anders besteht die Gefahr, dass wir überrumpelt werden und unsere Identität selbst verlieren. Das heißt aber nicht, Andersdenkende und Anderslebende zu bekämpfen. Wir müssen mehr Respekt für unsere Kultur einfordern. Sie ist ja auch bei uns zu Hause. Die Politik soll das Problem offen behandeln und dem Bürger ein Mitspracherecht einräumen.

Einige Fragen zu einer neuen Ordnung:

- Braucht unsere Gesellschaft die Börse?
- Müssen wir die zurückgehende Population mit Einwanderern ausgleichen?
- Sollen sich Menschen hemmungslos vermehren?
- Wer braucht eine Überproduktion, wem dient sie?

Die unsichtbaren Mächte

Kann es sein, dass wir über Jahrtausende von Geheimorden und internationalen Bankiers regiert werden? Gibt es eine jahrhundertealte „führende Macht", die als geheime „Lenker oder Eliten" in der Weltgeschichte tätig sind?

In Deutschland gibt es ca. 400 Logen mit ca. 18 000 Mitgliedern. Die bekanntesten Logen sind die Freimaurerloge und der geheime Orden der Illuminaten. Die Illuminaten sollen die geistig perfektesten Menschen auf unserem Planeten sein. Sie halten sich für die Crème de la Crème der Intelligenz und nehmen Unfehlbarkeit für sich in Anspruch. Ob Manipulationen des Weltgeschehens durch Logenmitglieder möglich sind, lässt sich nicht mit Sicherheit sagen, weil die Ziele der Logen geheimgehalten werden. Einige Mittel zur Manipulation von ganzen Nationen:

- möglichst viele Schlüsselfunktionen im Staat besetzen
- Wissen durch Abhören erlangen
- Geld als Druckmittel einsetzen
- gesteuerte Informationen verbreiten.

Die Absichten der Logen sind geheim und nicht erkennbar. Geheimbünde sind aber kein Novum. Manche haben eine jahrhundertealte historische Tradition. Meine Frage: Wie weit ist eine Infiltration der Welt schon fortgeschritten?

Schlusswort – Teil 1

Meine kritischen Äußerungen unter dem Untertitel „Meine Weltsicht" ist das Ergebnis meiner Lebenserfahrungen und meiner Gerechtigkeitsgefühle. Mit Leidenschaft beschreibe ich hier meine Emotionen und meine Gefühle. Ich beanspruche nicht, die Wahrheit gepachtet zu haben. Mein Ziel ist, möglichst viele Menschen dazu zu animieren, über eine gerechtere Zukunft nachzudenken. Neue gerechtere Formen des Zusammenlebens entwerfen, ist eine große Aufgabe, die radikale Veränderungen zur Folge haben wird. Der Widerstand wird dementsprechend groß sein. Manchmal kommen mir Zweifel ob meine naive, idealisierte Zukunftsgesellschaft überhaupt eine Chance in dieser eingefahrenen Weltordnung hat. Eine große Barriere sind die vielen Sprachen und kulturellen Verschiedenheiten. Manchmal entsteht bei mir ein Gefühl, als ob wir von einer bösartigen anonymen Macht manipuliert werden, deren Folge unsere eigene Ohnmacht ist.

Trotz aller Prophezeiungen und Prognosen stelle ich mir die Zukunft positiv vor. Das Gute, das Göttliche, wird das Böse besiegen. Ich glaube an die geistige Entwicklung der kommenden Generationen. Sie werden als freie, selbstbewusste Menschen den Kosmos erobern.

Kapitel 10

Ergänzende Thesen

Abb. 13: Pinocchio – Gemälde von Maire Kuhn

Warum Ergänzungen zu Teil I

Alle Themen, die ich im ersten Teil „Streben nach Gerechtigkeit" behandelt habe, habe ich im zweiten Teil durch einen erweiterten Blick nochmals dem Zeitgeist angepasst. Die gegenwärtigen grandiosen Erkenntnisse in den Naturwissenschaften haben mich dazu bewegt.

Das Sein, die menschliche Existenz, ist so vielseitig geartet, dass es schwierig ist, einzelne Bereiche des menschlichen Wirkens richtig einzuordnen und zu bewerten. Außer einer Grund-Naturgerechtigkeit in Bezug auf die Grundbedürfnisse des Menschen müssen alle Bereiche immer wieder dem veränderten Zeitgeist adäquat angepasst werden.

Ich weiß, dass ich mit meiner Interpretation nur einer unter vielen bin. Es lohnt sich aber auf der Suche nach Gerechtigkeit, nach neuen Erkenntnissen in Bezug auf die realen Wahrheiten, sich diesem Ziel immer aufs Neue zu nähern. Auf der Suche nach der Wahrheit ist der Standpunkt des Betrachters wichtig.

Materie ist die Basis des Seins

Wir Menschen leben in einem gigantischen kosmischen Raum. Das Alter wurde mittels des Planck-Weltraumteleskops auf etwa 13,78 Milliarden Jahre berechnet. In dem vorwiegend leeren kosmischen Raum sind Gase, Staub, Sterne, Galaxien zufällig verteilt. Alle diese am Nachthimmel sichtbaren Objekte bestehen aus **passiver Materie**, die in einer Vielzahl von Elementen aus ausgebrannten Sonnen ausgebrütet wurden.

Für mich ist Materie Masse, das **Seiende**, das **Greifbare**. Materie ist der Stoff, aus dem selbst unsere Körper aufgebaut sind.

Das kürzlich gestorbene englische Physiker-Genie Professor Stephen W. Hawking behauptet, Kosmos braucht keinen Gott. Ich selbst bin atheistischer Ansicht, ich respektiere aber jeden tiefen Glauben.

Der Mensch besitzt Eigenschaften, die man als „göttlich" bezeichnen kann. Es sind: die Liebe, die Weisheit und die Vernunft. Der Mensch hat einen Willen und strebt nach Freiheit. Vor 5 000 Jahren haben die Menschen noch geringeres Wissen über das Weltall und die Welt gehabt. Für sie waren wichtig: der Glaube an die Götter und der geheimnisvolle Tod. Der heutige Forschungsdrang des Menschen vollzieht sich ohne irgendeine Religionsgottheit. Menschen werden das Weltall erobern, das zeichnet sich schon heute ab. Der Anfang wurde durch die Mondlandung der Amerikaner 1969 eingeleitet. Gegenwärtig sind Absichten für einen Marsbesuch bereits in der Planungsphase. Dauer der Reise hin und zurück soll etwa 16 Monate betragen plus Aufenthalt auf dem Mars. Die Reise ist nur durch Erforschung der physikalischen Gesetze und durch Erkennen der kosmischen Fakten möglich.

Auf dem Mars wird die Crew sicherlich nicht Richtung Mekka zu Allah oder sonstiger Gottheit beten. Die Kosmonauten dürften vermutlich Atheisten sein.

Es wird immer deutlicher, die heutigen Glaubensrichtungen mit all den Dogmen, veralteten Ritualen, heiligen Kriegen und mysteriösen Gottheiten gehen zu Ende.

Den Religionsführern sind die wissenschaftlichen und technologischen Veränderungen sicherlich bekannt. Sie werden sich Richtung Liebe und Menschlichkeit neu orientieren müssen.

Die Ermahnung des Papstes Franziskus zu mehr „Menschlichkeit, zur Nächstenliebe, zu einem erfüllten Leben für alle" ist daher der richtige Weg zu einer höheren Bewusstseinsstufe.

Papst Franziskus

Hier die von Papst Franziskus aufgestellten zehn Regeln für ein erfülltes Leben:

1. Leben Sie und lassen Sie leben.
2. Seien Sie großzügig zu sich und zu anderen.
3. Bleiben Sie gelassen.
4. Machen Sie den Fernseher aus und verbringen Sie Zeit miteinander.
5. Arbeiten Sie am Sonntag möglichst nicht.
6. Unterstützen Sie die Jugend, sorgen Sie dafür, dass sie würdige Berufe findet.
7. Respektieren Sie die Natur.
8. Denken Sie positiv. Über Andere schlecht zu reden, zeigt geringes Selbstwertgefühl.
9. Respektieren Sie andere Religionen.
10. Bleiben Sie friedlich.

(Quelle: http://www.mynarek.de/online-publikationen/59-das-phaenomen-franziskus-2)

Diese sittlichen Regeln stehen in Harmonie mit dem heutigen Gefühlsleben des Menschen. Der Mensch tendiert grundsätzlich eher zum Guten, als zum Schlechten. Sein Erscheinungsbild ist Gott ähnlich. So steht es in der Bibel geschrieben: „Nun sprach Gott: ‚Lasst uns den Menschen machen nach unserem Bilde, uns ähnlich.' [...] Und Gott schuf den Menschen nach seinem Bilde." (Gen. 1,26-27)

Ich überlege: Wurden unsere Gene und unser Aussehen in der Vergangenheit von intelligenten Wesen aus dem All veredelt? Plötzlich verwandelte sich der Mensch von einer affenartigen Erscheinung zu einer schönen Gestalt und schaffte in Ägypten großartige Bauten. Wenn ich mir die Sphinx von Gizeh in Ägypten vor 5 000 Jahren und die ägyptische Nofretete Büste anschaue, überwältigen mich die edlen Gesichter. Sie strahlen Schönheit und eine geheimnisvolle Intelligenz aus.

Die Zweiheit des Menschen

Die Suche nach einer dualen unsterblichen Seele, die in Verbindung mit unserem materiellen Körper steht, ist bis heute erfolglos geblieben. Hirnforscher haben keine Seele und auch keinen Geist entdeckt. Die Natur besitzt keine guten oder schlechten Eigenschaften. Das Werden und Vergehen ist das endgültige Gesetz der Natur.

Bei Betrachtung der menschlichen Körperteile stelle ich fest, es handelt sich um durchdachte Detailkonstruktionen wie z.B. das Ohr, die Gelenke oder das Auge. Unklar ist noch die Steuerung der chemischen Abläufe im Körper. Es stellt sich die Frage, wieso werden Verletzungen am Körper unbewusst „repariert“. Wer koordiniert alle Körperfunktionen, die zu einer harmonischen und gesunden Einheit beitragen? Wer oder was erkennt bei Verletzung die Notwendigkeit und die erforderlichen Heilmaßnahmen, die vom Körper eingeleitet werden?

Unser Befinden wie Gefühle, Depressionen oder Denkvorgänge werden vom Stoffwechsel, von der Verdauung und von Mikroorganismen des Körpers bestimmt. Wir werden quasi von leitenden Funktionen am Leben erhalten. Spätestens hier stellt sich die Frage, wie frei ist eigentlich der Mensch in seinen Entscheidungen und seinem Tun?

Der Körper funktioniert ohne eine bewusste Steuerung, wie ein Automat. Die Spezies Mensch scheint im kosmischen Raum eine Zufallskombination aus Atomen und Molekülen zu sein.

Wir sind lediglich belebte aktive Materie, eben eine Kohlenstoffeinheit.

- Wir sind nicht die Krone der Schöpfung.
- Wir sind unvollkommen und sterblich.
- Wir sind aber trotz allem durch Evolution zufällig entstanden.
- Ich frage mich, warum eigentlich?
- Der Zweck unserer Erscheinung ist nicht erkennbar.

Die Suche nach Gott

Gottes Existenz konnte bis heute in unserer materiellen Welt der Körper nicht nachgewiesen werden. Gott als Person offenbart sich scheinbar nur den Propheten, den sogenannten Vertrauten Gottes, wie sie uns selbst gerne und möglichst oft verkünden.

Die wahren Gottheiten sind eigentlich wir Menschen selbst. Ich frage mich, warum soll der Mensch den Propheten vertrauensvoll alles glauben? Die Propheten offenbarten den Menschen Gottes Willen. Warum hat sich Gott nicht direkt an alle Menschen gewandt und warum wurde das Böse im Menschen vorprogrammiert?

Die Propheten verlangen von uns einen blinden Glauben. Überzeugend ist diese Konstellation für mich nicht. Ich denke, es handelt sich eher um selbstsüchtig fundierte Unwahrheiten, um die Menschen besser beherrschen und lenken zu können.

Der scheinbar immaterielle Impuls im Menschen, die Seele oder der Geist, ist seit Jahrtausenden eine religiöse Grundlehre, die auf Glauben und Vertrauen zu den selbsternannten Propheten beruht. Der Glaube wurde noch durch Hoffnung auf Erlösung und auf ein besseres Leben im Paradies verstärkt. Die drei großen Religionen sind vorprogrammierte Gegner. Das Judentum, das Christentum und der Islam. Alle drei Religionen hatten Propheten, denen Gott eine abweichende Gesetzgebung offenbarte und diese auch jedes Mal anders interpretierte. Die Gottesoffenbarungen wurden dem damaligen Zeitgeist entsprechend formuliert. Daher sind die Ethik und die moralischen Werte bei allen Glaubensrichtungen unterschiedlich.

Das ist die Ursache für die heutigen kulturellen Differenzen, die vor Terror und Morden nicht zurückschrecken. Die Resultate der Schöpfung führen zu vielen Fragen, die meistens mit „Warum?“ beginnen.

- Hatte Gott dem Menschen schon bei Erschaffung zu viel zugemutet?
- Warum soll der Mensch mit Höllenfeuer bestraft werden, wenn er unvollkommen erschaffen wurde?
- Warum soll Gott nur Juden oder Moslems lieben?
- Hat Gottes Eitelkeit es nötig, sich von Menschen anbeten zu lassen?
- Warum hat Gott verschiedene Religionen gebilligt, die heute in seinem Namen blutige Kriege führen?
- Wurden von Gott heilige Kriege vorgesehen?

Solche Fragen lassen sich beliebig erweitern. Leider gibt es hierauf keine vernünftigen Antworten. Die Naturwissenschaften schließen Gott als mysteriöses Wesen eindeutig aus. Sie fordern nachprüfbare Beweise. Zur Erklärung der Wirklichkeit benötigen sie keine Wunder.

Die Offenbarungen

Die Heiligen Schriften der Weltreligionen weisen zu den heutigen Naturwissenschaften etliche Widersprüche auf. Im Alten Testament vertilgt Gott den Menschen wegen seiner Bosheit auf Erden und auch alle Tiere mit. „Es reute Gott, den Menschen gemacht zu haben.“ Nach Jesu Lehre bin ich immer von einem liebenden und gütigen Gott ausgegangen. Das Alte Testament berichtet aber von einem Gott, der Fehler zugibt, und die von ihm erschaffenen Menschen wegen ihrer Bosheit im Wasser der Sintflut ertrinken lässt.

In den Offenbarungen hat jede Religion eigene sittliche Wahrheiten und Lebensregeln, die als endgültig von Gott festgelegt sind.

Im Koran sollen Männer vor Frauen bevorzugt werden. Wenn man Allah aufrichtig gedient hat, wird man im Paradies belohnt. „Und bei ihnen werden (Keusche) sein, die züchtig aus großen Augen blicken , als ob sie verborgene Perlen wären.“ (siehe Koran, Sure 37:48.49, zitiert nach: http://islam.de/1378.php).

Ist die von Allah versprochene Belohnung im Paradies nach unseren Maßstäben überhaupt erstrebenswert? Mit solchen Geschenken können sich reiche Bürger schon zu Lebzeiten auf der Erde selbst belohnen. Diese Texte kann ich nicht ernst nehmen. Ich hoffe, dass durch Bildung und Aufklärung solche Lehren endgültig reformiert werden.

Die Naturgesetze im kosmischen Raum sind neutral. Die Natur unterscheidet nicht zwischen gut und böse. Was einmal dahin ist, ist für immer verloren. Die Natur kennt auch keine Gnade und kein Mitleid. Aus der Sicht eines liebenden Menschen erscheint die Natur äußerst grausam. Auch der Tod des Menschen ist endgültig. Alles, was man als Individuum gelernt hat, alle Lebenserfahrungen, das alles geht mit dem Tod verloren. Auch für die Hinterbliebenen verändert der Tod eines lieben Menschen einiges in ihrem Dasein.

Der Tod regiert die Welt schon seit Millionen von Jahren. Die versteinerten Knochenfunde der Archäologen und Paläontologen widersprechen jeder religiösen Offenbarung. Allein die Enthüllungen der Astronomen und Astrophysiker im Kosmos sind so gewaltig, dass unser Weltbild vollkommen neu überdacht werden muss. Eine neue Etappe der Menschheit hat schon begonnen. Dieses Faktum wollen einige Senioren, die sich der Vergangenheit verpflichtet fühlen, nicht wahrhaben. Die zukünftigen Generationen sind freier in ihrer Denkweise und brauchen daher kein Umdenken.

Der Weg zu Gott

Der Glaube an Gott vermittelte vielen Menschen Liebe, Hoffnung und Trost. Ohne Hoffnung kann der Mensch nicht leben. Zum

Glauben an Gott bedarf es einen Willen zur Liebe, und Demut. Warum wird die Liebe zu Gott von Gott selbst nicht beantwortet? Warum bleibt dem Menschen nur noch eine vage Hoffnung? Der „Glaube“ des Menschen ist schon ein sehr bemerkenswerter Vorgang. Ich stelle fest, mit Glauben an Gott lässt sich eine Gesellschaft gerechter organisieren als nur durch nüchterne wissenschaftliche Resultate. Andererseits verhindert der Glaube an Gott die Entwicklung des menschlichen Geistes in unserer materiellen Welt. Der Einweihungsweg des Menschen ist mit Vorstellungen über das Weltall, über Gott und Religionen eng verbunden. Ich frage mich, können sich Religionen dem neuem Zeitalter anpassen? Sind sie überhaupt fähig, sich zu reformieren?

Das alles ist auch der Grund, warum ich diese Themen in meine Überlegungen über eine gerechtere Weltordnung aufgenommen habe.

Barmherzigkeit

Kürzlich wurde im Fernsehen über eine Familie mit zwei Kindern berichtet, denen man mangels Geldes die Stromzufuhr abgeklemmt hat. Der Sohn fragte die Mutter: warum.

Ich erinnere mich, nach dem Krieg in Prag war meine Mutter ohne näheren Grund, nur weil sie Deutsche war, neun Monate eingesperrt. Wir hatten kein Geld und konnten uns den Luxus elektrischen Stroms nicht leisten. Fast zwei Jahre nach dem Krieg war die Petroleum-Lampe die Leuchte bei uns zu Hause. Die gestrige Fernsehsendung hat mich sehr betroffen gemacht. Auch ich habe damals meine Mutter und meine Tante gefragt, warum wir kein elektrisches Licht wie alle anderen haben. Auf meine Klage hatte dann meine Tante Stromlieferung beantragt. Nach dem Kriegsende 1945 wurden wir Deutschen in Tschechien wie Kriegsverbrecher behandelt. Uns Kinder, ich 10, meine Schwestern Lehnchen 7 und Jana 3 Jahre alt, hatte die damalige Situation schwer belastet. Am meisten jedoch unsere Mutter, die uns drei Kinder alleine versorgen musste.

Sie hatte sich nach ihrer Entlassung aus dem Gefängnis als Küchenhilfe in einer Großküche einstellen lassen, um Essensreste mit offizieller Genehmigung nach Hause mitnehmen zu dürfen. So hatte unsere Mutter für uns Kinder die Mahlzeiten abgesichert. Die Rachsucht gegenüber den Deutschen hatten wir alle zu spüren bekommen. Unsere Wohnungstür war bis etwa 1947 mit einem gelben Aufkleber etwa 30 x 20 cm mit folgendem Text versehen:

> *Achtung hier wohnen Deutsche. Die Wohnung ist vom Nationalausschuss beschlagnahmt.*

Gleich nach dem Krieg 1946 kam ich in die fünfte Klasse der tschechischen Schule, damals war das noch eine Knabenschule. Unter den Jungen galt ich als der verhasste Deutsche und war ständig in irgendwelche Raufereien verwickelt. In der Klasse hatte ich nur einen Kameraden, der zu mir gestanden hat, den „Pepik" (Josef Kuchta †). Meine Tante hatte mich in der Kirche St. Cyrill und Methodius im Stadtviertel Karlin als Ministranten vermittelt. Diese christliche Gemeinschaft hat mir geholfen, mein angeschlagenes Selbstbewusstsein wieder zurückzugewinnen.

Die Gerechtigkeit

Schon beim Schreiben über dieses Thema musste ich meine eigenen Gedanken immer wieder neu ordnen. Gerechtigkeit hat viele Façetten und muss dem Zeitgeist immer aufs Neue angepasst werden. Ich frage mich: Kann es unter uns Menschen überhaupt Gerechtigkeit geben?

Unsere Gesetze garantieren z.B. Pressefreiheit. Journalisten sollen das Verhalten von Politikern straflos hinterfragen können. In der Praxis erscheinen die Politiker mir manchmal wie rechthaberische Engel, die immer alles besser wissen. Anstelle einer konstruktiven Kritik nutzen sie die Plattformen der Medien, der Presse und des Fernsehens als politische Meinungsmacher und Stimmungsmacher für Wahlzwecke schamlos aus.

Ich ziehe gerne philosophische Lehren aus der Vergangenheit zu Hilfe, um Parallelen zum Thema Gerechtigkeit ziehen zu können.

Aus der Geschichte geht hervor, dass alles schon da gewesen ist. Unsere jetzigen Probleme sind schon uralte ethische Probleme der Menschheit. Viele Anstöße liegen zum Teil in der Kurzlebigkeit der Generationen. Nach 70 bis 80 Jahren gehen bei Menschen mühsam gewonnenes Wissen und Erfahrungen durch den Tod verloren. Für Neugeborene wiederholt sich dieses Lernprogramm dann aufs Neue. Der rhythmische Ablauf von Entstehen und Vergehen wirkt schon fast wie ein Perpetuum mobile. Die neuen Generationen müssen das bereits Entdeckte nochmals neu für sich entdecken.

Reiche und arme Menschen

Es wurde nicht jedem Menschen „von oben gegeben“, wir sind eine Leistungsgesellschaft, so die offizielle Auslegung.

Tatsächlich sind wir eine geteilte Gesellschaft in Arme, in Mittelstand, in Reiche und in Superteiche. Aufgeteilt. Es gibt keine Armen, es gibt nur Menschen ohne Geld. Die Verteilung der Einkommen soll nach dem Leistungsprinzip gerecht geregelt sein. Hier in Kürze der heutige „Ist Zustand“:

- Die Beamten. Der „Staat“ hat für seine Diener, den Beamten, das Einkommen in Stufen von A2 bis A16 eingeteilt. Hier ist alles sicher geregelt und das bis in das Pensionsalter. Viele Auszubildende tendieren daher bei der Berufswahl zum sicheren Beamtentum.

- Freie Wirtschaft. Hier wird der Tariflohn für die einzelnen Berufsgruppen von den Gewerkschaften ausgehandelt. Das hat zur Folge, dass eine erpresserische Situation möglich wird.
- Eine gerechte Bewertung der Arbeit ist bisher nicht möglich gewesen.

Der Mittelstand. Das sind kleinere und mittlere Unternehmen, vorwiegend in Familienbesitz, und freie Berufe. Ihr Einkommen bestimmen sie selbst durch Eigenkapitalbildung. Sie sind meistens von Bankkrediten abhängig, jedoch sehr leistungsfähig.

Die Reichen und die Superreichen. Sie haben in Bezug auf Einnahmen eine Sonderstellung. Sie entziehen sich jeglicher Kontrolle. Sie meinen, sie haben ein Anrecht auf hohe Einnahmen. Einige verdienen das Geld nicht, sie erhalten das Geld lediglich.

Außerdem geht es um Vergabe von hohen Posten in Schlüsselbereichen unserer Gesellschaft und um Machtpositionen. Es endet mit hohen Pensionen und Entschädigungen.

Die Besetzung solcher Statusposten in der Politik und in der Wirtschaft erfolgt über Beziehungen, durch Verwandtschaft oder durch loyale Personen. Hier geht es nicht um Sachverstand oder besondere Klugheit der Auserwählten, hier geht es in der Hauptsache um Besetzung der Führungsposten mit vertrauensvollen Personen.

Mit dieser groben Aufstellung will ich verdeutlichen, aus welchen Quellen das Geld zum Menschen gelangt.

Dieses streitige Thema ist bereits reichlich mit kritischer Literatur versehen, hier will ich mich auch nicht einmischen, weil ich die Vielfalt der Leistungen nicht alleine bewerten kann. Ich will die Chancen des Menschen in unserer Gesellschaft prüfen und auf Gerechtigkeit hinterfragen.

Wir Demokraten

„Die da oben“ und „die da unten“. So ein Spruch hat in einer demokratisch freiheitlichen Gesellschaft keine Berechtigung. Trotzdem wird der Spruch als spöttische Kritik häufiger ausgesprochen als man vermuten wird. Durch die Politik der Parteien fühlen sich manche Bürger übergangen und überrumpelt.

Unsere demokratischen Freiheiten werden durch das Grundgesetz gesichert. „Meinungsfreiheit, Pressefreiheit und Sicherheit“, das sind die Schlagwörter unserer Zeit. Demokratie hat viele Façetten, aber immer geht es um Freiheiten des Einzelwesens Mensch.

In unserer demokratischen Meinungsbildung geht es um „Pro und Kontra“, leider wird Vieles nicht direkt vom Volk entschieden, sondern von anderen „Befugten“ beschlossen.

- Es geht um freie Wahlen.
- Es geht um soziale Marktwirtschaft.

Demokratische Freiheit des Denkens ist immer mit Achtung, Toleranz, Akzeptanz und Rücksicht auf andere Personen verbunden.

Nichts als Vermutungen

Medien berichten über Ultrareiche und Supereiche in der globalen Welt. Ich vermute, in diesen Clubs sind viele, die unbekannt bleiben wollen. Sie haben sich abgesondert, um aus ihrer Anonymität die Mehrheit besser lenken und beeinflussen zu können.

Es ist eine Tatsache: Unsere demokratische Ordnung wandelt sich immer mehr in eine Herrschaft der Superreichen, in eine plutokratische Ordnung.

Die Plutokratie-Regeln basieren auf dem Recht des finanziell Stärkeren. Sie agieren ganz legal in der Politik, im Parlament und fast in allen gesellschaftlichen Bereichen. Der Staat und seine Gesetze werden umgangen und manipuliert. Es entstehen neue unbekannte Milliardäre. Die allgemeine Ordnung wird auf Gewinn um jeden Preis organisatorisch abgestimmt. Die Preisabsprachen unter den Herstellern sind unkontrollierbar geworden. Hinter der Preisgestaltung versteckt sich Gier nach immer mehr. Die Mehrwertsteuer, also der staatliche Zuschlag auf marktwirtschaftliche Erzeugnisse, verteuert Verbraucherprodukte. Die Hersteller gehen mit dem Absatzpreis bis an ökonomische Grenzen. Daher steigen kontinuierlich die Verbraucherpreise.

Anonymität ist eine Erscheinung unserer Zeit. Vermögende Personen praktizieren das schon lange. Vor ca. 25 Jahren habe ich für eine Ladeneinrichtung, die ich geplant hatte, die Genehmigung für eine Baumaßnahme vom Hauseigner gebraucht. Durch Zufall erfuhr ich den Namen und die Telefonnummer des Eigners. Die Aufregung darüber war gewaltig. Er hatte seine Anonymität verloren und ich bekam von seinem Verwalter eine heftige Rüge.

Die reichen Eliten sind weltweit miteinander vertraut. Sie stehen sich nahe und sind unabhängig von irgendeiner Nationalität oder Religion.

Der Mensch wird alt

Das Altern ist ein natürlicher Vorgang, der den Menschen aus dem Leben langsam aber sicher ausschließt. Die eingeschränkten Körperfunktionen wie Sehkraft, Zahnverlust, Bewegungsapparat, um nur einige der Beschwerden zu nennen, nehmen zu. Den Alten wird klar, die neuen körperlichen und geistigen Grenzen müssen respektiert werden. Dabei ist noch lange nicht Schluss, wie es in einem Lied aufmunternd heißt.

Meine Absicht mit diesem Büchlein ist, provozierende Gedanken zu formulieren und so über vorgefasste Meinungen zum Nachdenken anzuregen.

Die jetzigen Generationen prägen den aktuellen Zeitgeist. Sie sind Gestalter der neuen Gesellschaft und für die Zukunft ihrer Kinder verantwortlich.

Tschechische Vergeltung

Mein Büchlein wäre nicht vollständig ohne Beschreibung der Erlebnisse nach Kriegsende im Mai 1945.

Ich habe lange überlegt, ob ich überhaupt über meine Erlebnisse in Prag berichten soll.

Ja, ja, unbedingt, es gehört zu den Wahrheiten, die man am besten vertuschen möchte. Ich bin kein Revanchist und auch nicht ein von Hass geprägter Mensch. Ich möchte nur beschreiben, was mir mit zehn Jahren vom Schicksal alles zugemutet wurde.

Aus unserem Wohnungsfenster haben ich und meine Schwestern zugeschaut, wie man unserer Mutter und anderen Frauen, die mit gehobenen Händen an der gegenüber liegenden Hausmauer standen, mit Kalk auf den Rücken ein Hakenkreuz gemalt hat. Kurz darauf wurde ich von einer Gruppe wütender Menschen abgeholt. Sie haben mich, meine Mutter und andere in die Kellerräume der Fabrik „Pragovka“ eingesperrt. Nach ca. 3 Tagen wurden wir auf den Fabrikhof gebracht. Die Männer hat man dressiert, sie mussten meistens in einer Pfütze rauf und runter. In Reihen aufgestellt hatte man sie mit Degenhieben abgerichtet. Frauen wurden mit großer Schere die Haare samt Ohrenfetzen abgeschnitten.

Das waren die Befreiungssoldaten von General Ludvik Svoboda gewesen, die besonders für Unmenschlichkeit und Brutalität bekannt waren. Es hat nicht lange gedauert, bis alle Deutschen aus der Umgebung vom Stadtviertel Karlin antreten mussten. Auf der Hauptstraße „Sokolovska“ wurde die ganze Kolonne zu einem Marsch zum „Platz der Republik“ aufgestellt. Wir mussten ca.1,5 km mit gehobenen Händen marschieren. Die Straße war von aufgebrachtem, zornigem Mob gesäumt. Wir wurden bespuckt und mit Stöcken oder Regenschirmen geschlagen. Ich stand am Rand und habe einiges abbekommen. Die Spucke fühlte ich überall, das war am Schlimmsten.

Auf dem „Platz der Republik“, an der Ecke zum Hotel Paris, hing brennend auf der Straßenlaterne ein deutscher Soldat mit dem Kopf nach unten. Rundherum jubelte ein fanatisierter Mob, der auch uns bedrohte. Solche Situationen haben sich in mein Gedächtnis für immer eingebrannt.

Neben dem Kapuziner Kloster zum Heiligen Thaddäus stand eine Kaserne. Dort hat man uns einquartiert. Frauen wurde der Schmuck abgenommen, die Ohrringe hat man nicht ausgeklappt, sondern aus dem Ohr herausgerissen. Männer mussten Brennholz von Kohle sortieren. In der Kaserne mussten alle mit gehobenen Händen mit Gesicht zur Wand stehen. Wer sich umgedreht hat, auf den wurde geschossen.

Ich habe zusammen mit meiner Mutter im Pferdestall einen Platz zugewiesen bekommen. Hier haben wir ca. 2 Wochen ausgeharrt. Als die Russen alles übernommen haben, wurden alle Verletzten vom Roten Kreuz medizinisch versorgt. Danach ist alles etwas menschlicher geworden. Von dort hat mich meine Tante abgeholt. Meine Mutter wurde in das Prager Gefängnis „Pankratz“ (tschechisch: Věznice Pankrác) eingeliefert. Erst neun Monate später hat man sie nach Hause entlassen.

Ich beschreibe hier chronologisch, was ich gesehen und erlebt habe. Die Zeit war grausam.

Das Geschehene, diese Wahrheiten, sollten aus einer patriarchalischen Sicht nicht verfälscht oder sogar ganz ausgelassen werden. Meine Absicht ist keine Rache, sondern das Bestreben nach einer einsichtigen Verständigung.

***

Die Gegenwart

Der Alte und die Welt

Als älterer Herr habe ich Folgendes beobachten können.

Das Alter verursacht bei vielen jüngeren Menschen eine herabschauende Haltung zu den Älteren. Wenn du atypisch aussiehst oder handelst, ist das schon ein Verstoß gegen die allgemeine Normalität. Du, du böser, alter Rentner.

In unserem Rechtsstaat geht es nicht anders zu. Hier ist es der potenzielle Wähler, der von den Parteipolitikern nicht ernst genommen wird. Demokratie hin, Demokratie her, der Wähler wird ganz einfach respektlos ignoriert. Unsere Kanzlerin scheint ein Garant hierfür zu sein. Wenn die Politiker trotz allem Widerstand ihre Ziele demokratisch durchsetzen wollen, zerstreuen sie ihr Vorhaben in Einzelbereiche. Es werden zahlreiche Vereine gegründet. Mithilfe der etablierten neuen Mitgliederzahl bekommt das Vorhaben entsprechende Ambition auf ein dringendes Bedürfnis.

Ein Beispiel – 1948 Wahlen in Tschechien: Die unwillkommenen Parteien hat man in einer „Dachorganisation" aufgelöst.

In Deutschland wird viel debattiert. Die realen Probleme werden detailliert bei verschiedenen Sendungen – Maybrit Illner, Sandra Maischberger, Anne Will und anderen – diskutiert. Die Sendungen sind einfach organisiert. Als Gäste treffen sich meistens gleichgesinnte SPD- und links-orientierte Personen. Das „zufällig" zusammengesetzte Publikum im Hintergrund klatscht Pro oder Kontra. Folgende Fragen lassen sich stellen. Wer entscheidet über die politische Richtung des Senders? Wer sind die Inhaber des Senders? Die Rhetorik der Populisten erlaubt sowieso nur links ausgerichtete Meinungen.

TV Moderatoren

Bei Presseclub, ARD, immer sonntags um 12:30 Uhr, „kauen" vier Journalisten an Trump hin und her. Der Antiamerikanismus wird immer deutlicher. „Amerikaner sind ein verwirrtes Volk" bekommt man zu hören. Der Moderator reagiert leider überhaupt nicht. Die Beleidigung scheint für alle Teilnehmer OK zu sein.

Der weltweite Sozialismus

Der Sozialismus ist weltweit in Verruf geraten. In Venezuela ist das der Kongress der regierenden sozialistischen Partei. Auch hier entsteht Bevormundung mittels Parteidiktatur. Die Staaten Brasilien, Chile und andere sind finanziell ruiniert. Ganz Südamerika inklusive Mexico haben den Sozialismus satt. Wie sich zeigt, sind solche gleichgesinnte Politiker später nicht so einfach los zu werden. Meistens bedarf es eines blutigen Aufstandes, eher diese aus den Ämtern wegtreten.

Die einzige Hoffnung für den globalen Sozialismus war Kuba. Die momentanen politischen Korrekturen in Kuba erfassen sogar die

Verfassung. Sie wird „zwingend notwendig“ an den Wandel der Zeit angepasst. Das ist jetzt die neue straffreie Meinung.

Auch in Deutschland hat sich seit den Attacken von Martin Schulz am 23.11.2017 gegen den Siemens-Konzern einiges verändert. Die Rede von damals war wie aus dem vorigen Jahrtausend von Karl Marx selbst geschrieben. Wir haben allen Grund, unsere Konzerne zu mögen und sie nicht ständig anzugreifen. Attacken gegen die Autoindustrie sind widersprüchlich und in der jetzigen Form nicht aufgeklärt. Die momentane Hetzerei empfinde ich als unsinnig und bescheuert.

Die Missionierung

Das ständige Pro und Kontra mit dem Islam führt zu nichts. Tatsache ist, diese Religion baut in Deutschland bombastische Moscheen, gründet unzählige Vereine. In Köln sollte die Moschee wegen angeblicher Gleichberechtigung von der Höhe her den Kölner Dom nicht überragen. Die DITIB Zentralmoschee in Köln ist die größte in Deutschland, für 1 200 Gläubige (Quelle: http://www.zentralmoschee-koeln.de).

In ganz Deutschland gibt es laut einer Schätzung und Darstellung in der deutschen Zeitung *Die Zeit* im Juli 2016 rund 2 750 Moscheen und muslimische Gebetshäuser. Zum Vergleich: Es gibt etwa 45 000 christliche Kirchen und 130 Synagogen in Deutschland (Quelle: https://de.wikipedia.org/wiki/Liste_von_Moscheen_in_Deutschland).

Das Problem ist, dass die Integration auch bei in Deutschland geborenen muslimischen Kindern der dritten Generation nicht vollständig gelungen ist. Islamisten, vor allem aus dem Ausland, haben leider großen Einfluss, weshalb sich eine unüberschaubare Terrorgefahr nicht leugnen lässt.

Die Schuldigen sind wir Deutschen allein. Die Wählerschaft der SPD schwindet immer mehr. Für ein gutes Benehmen werden die Moslems eingebürgert und erhalten somit das Wahlrecht. Die künftigen Wahlverluste der SPD lassen sich so vermeintlich wieder ausgleichen. Deutschland mit seiner uralten Kultur wird von einigen Politikern zum Nullpreis verschenkt. Unsere Kinder könnten einmal die jetzige Generation verfluchen, so wie auch meine Generation unseren Vätern die Schuld für den zweiten Weltkrieg angelastet hat.

Muslime haben in Deutschland keinen leichten Start. Etliche fühlen sich heimatlos, umgeben von einer fremden Sprache und ohne Zugehörigkeitsgefühl. Die Religion wird ihnen nicht helfen können, weil der Islam, wie die meisten anderen heutigen Religionen auch, die Fragen der Zeit nur unzureichend beantwortet.

Neid auf Reichtum

Viele Menschen auf der Welt sehnen sich nach Sicherheit und Geborgenheit. Oft fragte ich mich, wie konnte ein Kommunismus und ein Sozialismus bei so vielen, sogar studierten Menschen solche Begeisterung hervorrufen. Es ist der Neid auf Reichtum des anderen, der so stark ausgeprägt ist. Armut berührt ein ganzes Leben. Der unerreichbare Reichtum verursacht eine gewisse Lebensohnmacht. Wenn keine Erbschaft vorhanden ist, erscheint Reichtum des anderen als „die große Ungerechtigkeit". Menschen mit solchen Ambitionen sind für alles Soziale extrem empfänglich. Es sind „die" potenziellen SPD- und Linke-Wählerschaften.

Parteipolitisch sieht die Zukunft für die SPD düster aus. Die Partei ist nicht zeitgemäß, Sie hat die neuen Formen der Arbeit nicht richtig bewertet. Erstaunlich ist, mit welcher Dominanz und Eitelkeit zuweilen andere Meinungen von Mitgliedern der Partei angegriffen werden.

Mann und Frau

Die traditionelle Familie mit Vater, Mutter, Kind verliert an Bedeutung. Alleinerziehende Mütter und gleichgeschlechtliche Ehen werden gefördert. Sie erhalten „finanzielle Stütze“. Das sind die potenziellen sozialistischen Wähler. Über einen Krieg zwischen den Geschlechtern lassen sich noch weitere Wählerschaften der Power-Frauen mobilisieren. Der Fantasie sind keine Grenzen gesetzt. Das neue schwedische Moralgesetz hat individuelle Verständigung der Liebenden bei Sex ausgeschlossen. Das Gesetz wacht vorsichtshalber über die guten Manieren der liebenden Paare, und das bis in die Schlafzimmer hinein.

Arbeitslosigkeit

Die Arbeitslose von 1919 auf einer zeitgenössischen Karikatur preist sich auf dem damaligen Arbeitsmarkt an (Quelle: https://arbeiter-stimmen.wordpress.com/2017/11/29/arbeitslos-arbeiter-los/). Sie verkündet ihre Bereitschaft zu arbeiten, was immer ihr aufmerksamer Geist alles kann. Was für ein Unterschied zu manchen Hartz IV-Empfängern. Eine verantwortungsvolle Bereitschaft, sich selbst zu versorgen, muss im Interesse der Allgemeinheit beansprucht werden und das ist auch gut so.

Einfache Freiheit

Aus meinen Texten ist eines sichtbar. Aufgrund meiner Lebenserfahrungen mit dem Sozialismus bin ich kein Befürworter dieser Ideologie. Weder des kommunistischen Sozialismus, noch eines demokratischen Sozialismus und schon gar nicht eines nationalen Sozialismus. Diese „-ismen“ haben sich bis jetzt nirgendwo auf der Welt bewährt. Ich plädiere für eine einfache Freiheit, wie man es aus dem deutschen „frei sein“ ableiten kann. Diese Freiheit wird auch gut von allen verstanden.

Bei dem Wort „Demokratie“ gleich Freiheit des Gewissens kann man beobachten, dass die ideologisch geprägten politischen Parteien (insbesondere die SPD) unter dem Wort „Demokratie“ ihre eigene demokratische Richtung verstehen. Es gibt eine Gemeinsamkeit, die alle anderen unterdrückt. Sie respektieren die anderen nicht. Toleranz ist für sie ein unbekanntes Wort. So verhalten sich auch die rechts- oder linkspopulistischen Politiker.

Es fällt auf: demoskopische Umfragen über Meinungen und Ansichten votieren immer einseitig positiv geprägt. Das Volk protestiert auf der Straße. Sie werden mit Nazi-Rufen angepöbelt. Wie sollen sich Menschen gegen solche Praktiken wehren? Der Mensch kontert mit blanker Wut, die herbei provoziert wurde. Diese Wut erfasst auch ansonsten friedliche Menschen.

Nicht alle, die protestieren, sind Nazis. Ich muss leider mit vielen rätselhaften und ungelösten Ereignissen leben. Wenn ich mit der gegenwärtigen Migrationspolitik nicht einverstanden bin, bin ich bitteschön noch lange kein „Nazi“. Ich lasse mich nicht beirren und lebe voller Hoffnung und Zuversicht, und ich setze auf Recht und Freiheit des menschlichen Geistes. Dies ist die Absicht meines Buches „Streben nach Gerechtigkeit“.

Die gute Politik

Alle politischen Parteien versprechen den Wählern, wenn sie ihre Stimme erhalten, eine gute Politik zu machen. Sie versprechen bessere Mieten, saubere Umwelt, keine Fahrverbote, sozialen Wohnungsbau und ähnliche gegenwärtige Aktionen. Diese angekündigten Vorhaben sagen etwas über das intensive Streben nach Macht, nach politischen Posten und damit verbundenen späteren Renten. Deutschland wird als Nation sukzessive zerstört. Es sind die deutschen Politiker, die an der Zerstörung des deutschen Volkes und dessen Traditionen einen großen Anteil haben. Viele Deutsche haben das Gefühl, man nimmt ihnen das Bewusstsein einer Heimat in einer Nation, die Gestaltung eines selbstbestimmten Lebens. Unsere Kultur würde überlagert mit fremden Kulturen. Dagegen wehrt sich gegenwärtig ein Teil der Bürger. Manche denken, unser Grundgesetz müsse neu formuliert werden. Die Verfassung ist jedoch keineswegs veraltet. Sie stammt zwar aus der Nachkriegsnot, aber die Väter des Grundgesetzes haben sich viele gute und weitreichende Gedanken gemacht, die auch heute noch tragfähig sind. Die „gute Politik" samt viel zitierter Demokratieordnung ist heute allerdings unglaubwürdig geworden. Es fehlen Persönlichkeiten als Führungskräfte. Gegenwärtig scheitern alle Groko-Vorhaben. Die Bezeichnung „Groko" (Große Koalition) ist von Anfang an eine unglückliche Bezeichnung.

Ich bin der Autor meines Lebens. Mich interessieren die brennenden Wahlprojekte der Regierung nicht mehr. Es sind Projekte, die sowieso später gelöst werden müssen, egal von wem. Ich denke, dass ein Kapitalismus mit sozialer Marktwirtschaft anno 1968 für Deutschland besser und sozialer wäre als ein Kampf der jetzigen Ideologen. Diese versuchen sich gegenseitig zu übertrumpfen, ja sogar zu zerstören.

Mit Rückblick auf die Geschichte mit all den blutigen Geschehnissen im ersten Weltkrieg wird deutlich, dass die damals lebenden Menschen von uns nicht verurteilt werden dürfen. Sie waren Kinder ihrer Zeit. Gegenwärtige Generationen sollten sich nicht anmaßen, die vergangene Zeit zu verurteilen. Die Menschen damals haben wahrgenommen und geglaubt, was augenblicklich aktuell war. Unsere Zeit wird genauso beurteilt, wie wir heute das damalige Geschehen beurteilen. Die zwischenmenschlichen Beziehungen sind aufgrund von neuen Erkenntnissen im stetigen Wandel. Heute wie damals. Uns werden spätere Generationen genauso beurteilen und unsere Handlungen eventuell verurteilen. Ein ständiges „mea culpa" für vergangenes Unrecht kann gegenwärtig nicht überzeugen. Im Gegenteil, bei Jugendlichen wirken solche Einstellungen eher negativ.

„Daher mache ich mir Sorgen um unser Land, das in meiner Jugend – das habe ich als Erwachsener im Ausland begriffen – das beste der Welt war. Es ist mein größter Wunsch und ich arbeite täglich dafür, dass wir das wieder so hinkriegen: ohne schlechtes Nachkriegsgewissen und dafür mit Rückgrat und Stolz – aber zugleich auch mit Toleranz und Bescheidenheit."

Von Manfred Spitzer, Gehirnforscher und Psychiater in Ulm, formuliert. (Quelle: https://www.bild.de/politik/inland/bild-serie/was-ist-deutsch-46381794.bild.html)

Ich habe beruflich auf technischem Gebiet gearbeitet. Meine Aufgabe war es, neue Systemprodukte zu entwickeln und diese in die Produktion auch einzuführen. Politik war niemals mein Studienfach. Meine hier kritische Ansicht ist allein auf meine Verstimmung aufgrund der Politik zurückzuführen. Mit den Vorhaben der Parteien konnte ich mich nicht identifizieren. So bin ich immer kritischer geworden. Manche Ansichten, wie zum Beispiel „Ehe für alle", Gesetz vom 30.06.2017, sogar zwei ausländische Polygamie-Fälle werden bei uns geduldet. Die vielen überflüssigen Wortgefechte im Parlament führen vielmehr zu Verzweiflung als zu Lösungen. Es wird nur noch über zweifelhafte Wahlprojekte gestritten. Ich will nicht derjenige sein, der zu allem „Ja" sagt.

Der Präsident

Ich habe mir die Gedenkrede von unserem Präsidenten Frank Walter Steinmeier zum hundertsten Jahrestag der ersten Republik 1918 angehört und zum achtzigsten Jahrestag der Pogromnacht von 1938, die das Nazi-Regime gegen Juden inszeniert hatte. Dieses schwierige rhetorische Thema hat Präsident Steinmeier, wie ich befinde, zeitgemäß formuliert, gerichtet und verurteilt (Quelle: https://www.bundespraesident.de/SharedDocs/Reden/DE/Frank-Walter-Steinmeier/Reden/2018/11/181109-Gedenkstunde-Bundestag.html?nn=9042544).

Die Ideologie der Nationalsozialisten hatte viele europäische Länder und auch Deutschland einem entsetzlichen Leid mit Millionen von Toten ausgesetzt. Diese unmenschliche Ideologie ist keine rechte, keine linke politische Richtung. Sie ist historisch gesehen eine Schande für die gesamte Menschheit. Hitlers Lehre sollte als unmenschlich deklariert und endlich in Deutschland verboten werden.

Meine Vorfahren

Woher komme ich? Meine Familie Kuhn war in Oberprausnitz Kreis Trautenau (Trutnov, tschechisches Gebiet) beheimatet. Ich besitze mehrere Matrix Auszüge. Der älteste Eintrag ist über Franz Kuhn, geboren am 18.01.1799 als Sohn von Hieronymus Kuhn. Der Vorname Hieronymus ist bei uns, den Kuhns, Tradition. Jede Familie hat ihre Vergangenheit, die man nicht ignorieren soll. Von unseren Ahnen erhielten wir unseren Glauben, unsere Traditionen, unsere Gesundheit, sogar manche Krankheiten sind angeboren. Unser physisches Aussehen ist ebenfalls vorbestimmt. Unsere Charaktereigenschaften, sogar Gefühle sind vererbte Merkmale von unseren zahlreichen Ahnen. Sie prägen unsere Persönlichkeit bis in die heutigen Tage hinein. Keine Ideologie kann so was verändern oder ersetzen.

Aus diesen kurzen Sätzen wird deutlich, wie wichtig die Institution Familie im menschlichen Leben ist. Die Familie ist wichtig für unsere Kinder, für kommende Generationen.

Die Weihnachtsrede von Präsident Steinmeier mit seiner Einforderung der demokratischen Grundsätze, so was war längst überfällig. Respekt, Toleranz und das Gebot, miteinander zu reden, das kann man bedenkenlos unterschreiben. Wir alle sind fehlerhafte Menschen, manchmal nur von einem System kurzzeitig verführt worden.

Ich denke sogar, dass mit der Geburt in einem bestimmten Familien-Clan, in einem bestimmten Zeitabschnitt, das ganze Leben schicksalhaft verlaufen kann. Diesem Schicksal kann man nicht entfliehen, es muss gelebt werden.

Johann Wolfgang von Goethe

„Wohl dem, der seiner Väter gern gedenket, der froh von ihren Taten, ihrer Größe den Hörer unterhält und still sich freuend ans Ende dieser schönen Reihe sich geschlossen sieht."

Johann Wolfgang von Goethe

(Quelle: Iphigenie auf Tauris, 1787. 1. Akt, 3. Auftritt, Iphigenie zu Thoas)

© Horst Diesel

Autorenprofil

Hieronymus Jero Kuhn, Jahrgang 1935, lebt in Hessen. Als Sudetendeutscher war er bereits als Jugendlicher vielerlei Anfeindung und Gewalt ausgesetzt. Das führte ihn zu einer fragenden Auseinandersetzung mit politischen und philosophischen Themen, auf die er nicht immer eine für ihn tragfähige Antwort fand. Seine Weltsicht stellt eine Sammlung von Denkanstößen dar, die keinen absoluten Wahrheitsgehalt beanspruchen und sicher nicht von jedermann geteilt werden. Sie sind als Diskussionsbeitrag zu verstehen, um mit Anderen ins Gespräch zu kommen.

Die Gesellschaft, die Kuhn sich wünscht, existiert heute noch nicht. Er glaubt jedoch fest daran, dass die jüngere Generation das Zeug hat, neue Wege zu gehen, um nicht die alten Fehler, die er in seinem Buch beschreibt, zu wiederholen.

Leserbriefe und konstruktive Diskussionsbeiträge sind ausdrücklich erwünscht!

Aus dem Verlagsprogramm

www.loewenstern-verlag.de

Hans Lipp

Jakobspilgerweg Wonnegau. Von Dittelsheim nach Worms

Genaue Karten der einzelnen Wegabschnitte, informative Texte zu Landschaft, Geschichte, Architektur, Menschen und Gemeinden der Region, Übernachtungsmöglichkeiten, Essen & Trinken, Pilgerpass mit genauer Beschreibung, wo Sie die Pilgerstempel finden können.

Print-Ausgabe 6,50 Euro

Hans Lipp

Jakobspilgerweg Zellertal. Von Worms nach Standenbühl

Genaue Karten der einzelnen Wegabschnitte und Alternativrouten. Informative Texte zu Landschaft, Geschichte, Architektur, Menschen und Gemeinden der Region. Ansprechende Panoramafotos, die Sie einladen, die Gegend persönlich zu erkunden. Historische Hintergrundberichte.

Apple iBooks: 5,49 Euro

Aus dem Verlagsprogramm

www.loewenstern-verlag.de

Dr. Peter Brinnel

TTIP & Co. –
Freihandel und Demokratie

Ist unsere Demokratie in Gefahr, ausgehöhlt zu werden? Wird unser Rechtssystem durch TTIP & Co. umgangen? Zahlt der Steuerzahler die Zeche für Schiedsgerichtsurteile? Was hat es mit der „Rechtsabtretungssteuer" auf sich?

Apple iBooks:	8,99 Euro
Amazon Kindle:	7,04 Euro

Dr. Peter Brinnel

Geheime Begleiter der Freihandelsabkommen –
Investitionsschutz als Werkzeug zum Umverteilen von Geld und Schulden

Das Buch beschreibt die Entwicklung des Freihandels, zeigt die Wirkung von Investitionsschutz auf und erläutert die gesellschaftlich-politische Dimension der Abkommen.

Apple iBooks:	8,99 Euro
Amazon:	7,26 Euro

Aus dem Verlagsprogramm

www.loewenstern-verlag.de

Print-Ausgabe: 15,00 Euro
ePUB-Ausgabe: 8,49 Euro

Hans-Peter Schwenger /
Dr. Barbara Wieland
Frankfurter Bethmännchen – Genuss mit Tradition

Hier finden Sie das Ergebnis jahrelanger Erfahrung des Bäckermeisters Hans-Peter Schwenger mit der Herstellung von Bethmännchen und zeigt Ihnen die Version, die in Frankfurt am Main seit Jahrhunderten Tradition hat.
Übrigens: Wussten Sie, was die Alten Ägypter und Hildegard von Bingen mit unserem Weihnachtsgebäck zu tun haben?

Print-Ausgabe: 11,95 Euro
Apple iBooks: 4,99 Euro

Raphaela Wettach /
Renate Wettach
Die Königin und die Spinne

Dieses Buch unterscheidet sich von „normalen" Kinderbüchern (für 4- bis 8-Jährige) dadurch, dass sich auch die Erwachsenen beim Vorlesen nicht langweilen. Dieses Buch hat das Potenzial, Ihr Lieblings-Vorlesebuch zu werden!

Aus dem Verlagsprogramm

www.loewenstern-verlag.de

Torben Zahradnicky (Hrsg.)
Main Europa
Prämierte Beiträge des Wettbewerbs „Hanau schreibt ein Buch“

Kurzgeschichten über die Gegenwart und Zukunft der EU, Gedichte über Krieg und Frieden und das kulturelle Europa. Erfahrungsberichte von dem Traum „Europa“ nach dem zweiten Weltkrieg sowie nach einer Flucht.

ePUB-Ausgabe: 10,00 Euro
Print-Ausgabe: 15,00 Euro

Hinweis:
Der „LöwenStern Verlag“ hieß vor 2018 „Pilgerwege Verlag“.

Aus dem Verlagsprogramm

www.loewenstern-verlag.de

Simone Magdalena Lulis (Hrsg.)
Magdalena Magazine

Die Zeitschrift "Magdalena" ist das Coaching-Magazine für deine persönliche und spirituelle Entwicklung. Die Autorinnen und Autoren der Magdalenabewegung erzählen aus ihrem Leben und von ihren Erfahrungen mit Veränderung und Aufbruch aus Bevormundung und Abhängigkeiten.

Abo (PDF-Ausgabe):	60,00 Euro pro Jahr (inkl. MwSt.)
Einzelheft (PDF-Ausgabe):	21,00 Euro einmalig (ink. MwSt.)